ROUSSILLON NA AMÉRICA LATINA

Blucher

ROUSSILLON NA AMÉRICA LATINA

Organizadores

Eliana Rache

Bernardo Tanis

Roussillon na América Latina
© 2017 Eliana Rache, Bernardo Tanis (organizadores)
Editora Edgard Blücher Ltda.

1ª reimpressão – 2019

Imagem de capa: iStockphoto

Blucher

Rua Pedroso Alvarenga, 1245, 4º andar
04531-934 – São Paulo – SP – Brasil
Tel.: 55 11 3078-5366
contato@blucher.com.br
www.blucher.com.br

Segundo o Novo Acordo Ortográfico, conforme 5. ed. do *Vocabulário Ortográfico da Língua Portuguesa*, Academia Brasileira de Letras, março de 2009.

É proibida a reprodução total ou parcial por quaisquer meios sem autorização escrita da editora.

Todos os direitos reservados pela Editora Edgard Blücher Ltda.

Dados Internacionais de Catalogação na Publicação (CIP)
Angélica Ilacqua CRB-8/7057

Roussillon na América Latina / organização de Eliana Rache, Bernardo Tanis. – São Paulo : Blucher, 2017.
228 p.

Bibliografia
ISBN 978-85-212-1231-7

1. Psicanálise 2. Roussillon, René, 1947 – Crítica e interpretação I. Rache, Eliana. II. Tanis, Bernardo.

17-1160   CDD 150.195

Índice para catálogo sistemático:
1. Psicanálise

Conteúdo

Prefácio   7
René Roussillon

Apresentação   9
Eliana Rache
Bernardo Tanis

1. O pensamento clínico e o analista contemporâneo   19
Bernardo Tanis

2. A clínica de René Roussillon: um trabalho psicanalítico sob medida   49
Eliana Rache

3. O paradigma psicanalítico e seus desafios   83
Leonor Valenti de Greif

4. O sofrimento narcísico-identitário em relação
   às patologias-limite da infância — 95
   Martha Isabel Jordán-Quintero

5. A clínica do sofrimento narcísico-identitário:
   trabalhando com as contribuições teórico-clínicas
   de René Roussillon — 113
   Ana María Chabalgoity
   Ema Ponce de León Leiras

6. Contribuições para uma teoria sobre a constituição
   do supereu cruel — 135
   Marion Minerbo

7. *Eu sou o mal*: pulsão de morte, destrutividade
   e retorno *do* estado anterior segundo René
   Roussillon — 163
   Luciane Falcão

8. Agonias corporais em busca de simbolização — 177
   Jani Santamaría Linares

9. Quando a ritmicidade proposta pelo enquadre
   analítico torna-se excessiva e obstáculo ao trabalho
   de simbolização, ou sobre como fortalecer o símbolo
   da ausência — 197
   Ana María Chabalgoity

Sobre os autores — 225

Prefácio

Sou muito grato aos autores que compuseram este livro e que retomam algumas de minhas concepções para torná-las mais acessíveis aos clínicos da América Latina. Estive diversas vezes em um ou outro dos grandes países da América do Sul e, nessas ocasiões, pude fazer trocas numerosas e frutíferas com os psicanalistas e clínicos sul-americanos. Devo dizer que sempre aprendi muito no contato com eles, e que a acolhida sempre muito favorável, até mesmo entusiasta, às minhas reflexões clínicas e teóricas me encorajou a prossegui-las e desenvolvê-las. Por isso mesmo, agradeço infinitamente aos psicanalistas que me deram a honra do convite a vir trocar com eles, e, mais ainda, àqueles que contribuíram na elaboração deste livro.

Um dos grandes riscos que corre a psicanálise neste começo do século XXI é de uma babelização da clínica e da teoria, cada uma das culturas psicanalíticas ignorando grandemente o que se pode elaborar em outras culturas. A multiplicação das culturas e dos modos de teorização no universo da psicanálise é, incontestavelmente, uma riqueza potencial considerável para o desenvolvimento e para a difusão da teoria e da prática psicanalítica.

Cada uma das "culturas psicanalíticas" tende a aprofundar problemáticas ou aspectos de problemáticas que são particularmente mais salientes na população com a qual ela trabalha, podendo, assim, acentuá-las ou explorá-las mais precisamente e enriquecer o pensamento psicanalítico mundial. Uma dessas problemáticas é o lugar do corpo na América Latina, mais especificamente no Brasil. Mas, se não tomarmos cuidado, essa riqueza traz riscos, sobretudo o risco de um fechamento sobre si mesma e sobre seus autores favoritos. As traduções de livros de psicanálise são poucas, elas são mais ou menos bem vendidas, ao lado de raras exceções, como no caso dos grandes autores mundialmente conhecidos que fizeram escola: Freud, Bion, Klein, Winnicott... a maioria, autores mortos. Ao longo do tempo, a babelização que evoquei corre o risco de levar a melhor e se impor sobre a possibilidade de compartilhar e de trocar.

René Roussillon

Apresentação

Caro leitor, este livro representa um trabalho do Grupo de Estudos do Pensamento de René Roussillon na América Latina. A organização deste grupo deve-se à iniciativa de Eliana Rache e Bernardo Tanis, membros da Sociedade Brasileira de Psicanálise de São Paulo (SBPSP), que convocaram colegas latino-americanos de outras sociedades ligadas à International Psychoanalytical Association (IPA), no ensejo de preparar um ateliê clínico para o congresso da Federação Psicanalítica da América Latina (Fepal), em Cartagena, em 2016. Daí em diante, as coisas foram rápidas e, além do ateliê clínico, o grupo foi integrado em uma atividade plenária, na qual também foi acompanhado por René Roussillon, convidado especial do encontro. Os componentes do grupo finalmente se conheceram pessoalmente e arregaçaram as mangas para mais trabalho, do qual este livro é uma primeira amostra. Diversos são os representantes da América Latina: Jani Santamaría Linares (Asociación Psicoanalítica Mexicana – APM), Martha Isabel Jordán-Quintero (Sociedad Colombiana de Psicoanálisis – SOCOLPSI), Ana María Chabalgoity e Ema Ponce de León Leiras

(Asociación Psicoanalítica del Uruguay – APU), Leonor Valenti de Greif (Asociación Psicoanalítica Argentina – APA), Luciane Falcão (Sociedade Psicanalítica de Porto Alegre – SPPA), Marion Minerbo, Bernardo Tanis e Eliana Rache (Sociedade Brasileira de Psicanálise de São Paulo – SBPSP), além de Laura Cutrín de Vidal (Asociación Psicoanalítica Argentina – APA), que faz parte do grupo, mas não pôde participar deste livro. Aproveitamos o espaço desta apresentação para agradecer ao então presidente da Fepal, Fernando Orduz, à coordenadora científica, Letícia Neves, e à sua equipe pela oportunidade que nos foi concedida para apresentar esta atividade. Este livro é a forma de retribuir cientificamente o estímulo recebido.

O conjunto do trabalho tem no pensamento de Roussillon sua referência e cada artigo buscou, em sua singularidade, trazer suas notas inspiradoras e a originalidade própria de cada um dos autores.

O primeiro capítulo inaugura o livro com o artigo "O pensamento clínico e o analista contemporâneo", de Bernardo Tanis. Não sem motivo, pois sua reflexão sutil e abrangente sobre o tema nos introduz dentro do assunto do livro: o pensar clínico, inspirado em reflexões de André Green, que nos dias de hoje tem em René Roussillon um de seus mais tenazes representantes. Temas contundentes são abordados, como: a necessidade do pensamento clínico como lugar-ponte entre a experiência vivida e a teoria e o caminho de transformação do pensamento clínico moderno em pensamento clínico contemporâneo. Tais tópicos são apoiados em uma análise cuidadosa da cultura que os emoldura a partir de seu cenário incontestável. Assim, Bernardo Tanis chega a René Roussillon com um exemplo clínico, um caso narcísico-identitário de um jovem adolescente que poderia ser o paradigma representativo de muitos jovens do mundo de hoje e de sua "organização psíquica, pobre em recursos representativos capazes de simbolizar as precárias relações com o objeto originário" (p. 30). Somos conduzidos pela leitura do texto a concordar com Bernardo na proposta que faz da articulação de alguns elementos que fazem avançar o pensamento clínico atual como o enquadre/enquadre interno do analista, o traumatismo narcísico-identitário, as condições de simbolização, os paradoxos, a terceiridade. Cada um desses tópicos vai ser tratado ao longo da exposição, seguidos de outros a serem descobertos na leitura do texto. Ao enovelar essas ideias, Bernardo Tanis vai refletindo – e nos conduz a acompanhá-lo – sobre o quanto essa clínica de risco, que subverte os enquadres, o *setting* tradicional, os extramuros, teria lugar em nossa instituição, na formação analítica dos institutos... e nos oferece sua resposta. Valendo-se do pensamento clínico enquanto lugar intermediário, como elemento que coloca em contato experiência clínica e teoria sem reduzir uma a outra, sugere que este "permite tornar pensável, no contexto de uma matriz dialógica, a complexidade da transformação do lugar do analista na atualidade" (p. 41).

No Capítulo 2, Eliana Rache, em "A clínica de René Roussillon: um trabalho psicanalítico sob medida", insere a clínica de Roussillon dentro do marco oferecido pelo trabalho anterior de Bernardo Tanis. A autora procura mostrar facetas diferentes da obra de René Roussillon: de noções singelas às mais complexas, ele prova ser aquele que não se satisfaz em encontrar inteligibilidade para uma sequência clínica específica, que correria o risco de transformar tanto a prática como a teoria numa somatória de enunciados pontuais. Procura sua inserção dentro de uma coerência metapsicológica que lhe permita representar o processo de um tratamento pelas lógicas que o percorrem e o organizam. No primeiro item, "Conversas psicanalíticas", René Roussillon, valendo-se do *squiggle game*, se apresenta, em grande estilo orquestrando suas conversas psicanalíticas e oferecendo à psicanálise uma extensão extramuros com o rigor do verdadeiro mestre da psicanálise. Outro item diz respeito ao trabalho da associatividade sobretudo da não verbal, de fundamental importância para René Roussillon, pois aí estão inscritas as marcas não representadas a serem simbolizadas num trabalho analítico. No tópico seguinte, discute-se a introdução que René Roussillon faz à metapsicologia da categoria da transicionalidade. É um capítulo denso, mas que fundamenta a contemporaneidade revolucionária de seu pensamento. Os conceitos que René Roussillon articulou no que ele chamou de "virada de [19]20" vão compor o tema seguinte e se apresentam sem maiores aprofundamentos, já que representam os andaimes de sua construção teórica. O capítulo se encerra com o relato de uma sequência clínica na qual podemos acompanhar o ganho terapêutico na mudança do dispositivo analisante e o trabalho analítico ganhar todo seu sentido pelo recurso do modelo do jogo tão bem trabalhado por René Roussillon.

Na sequência, temos o trabalho de Leonor Valenti de Greif, "O paradigma psicanalítico e seus desafios", que toca no arcabouço da obra de René Roussillon, com uma escrita espontânea. De leitura fácil para um iniciante na obra desse psicanalista, o artigo assinala com maestria pontos fundamentais de seu pensamento, articulando características do paciente narcísico-identitário, lábil na afirmação do "eu sou" e no tocante a se sentir real, conjunturas traumáticas iniciais e suas derivações, e sua expressão na clínica em ato, escoradas no corpo, nos gestos, na mímica e nos afetos. Traz um relato clínico, de uma jovem de 19 anos, em que um trabalho psicanalítico de alta frequência (de quatro a seis sessões semanais) é exigido pelo estado de desorganização da paciente, caracterizado por algumas situações típicas de estruturações subjetivas com falhas narcísicas e a consequente afecção identitária. Para lembrar de algumas situações: o trauma da perda, ficar perdida dentro do prédio do consultório da terapeuta deambulando sem rumo. O trabalho analítico, iluminado pelos comprometimentos narcísicos e suas consequentes expressões no corpo, no ato e na postura, desenvolve-se. E, como nos diz Leonor parafraseando

Aulagnier, desenvolvemos, pois, apesar de tudo, felizmente, estamos condenados a investir para sobreviver.

Os Capítulos 4 e 5 representam ecos do congresso da Fepal (Cartagena, 2016) e seus autores fazem também alusão às vozes do congresso.

O primeiro deles, de Martha Jordán-Quintero, "O sofrimento narcísico-identitário em relação às patologias-limite da infância", nos traz, na primeira parte, a alma viva de René Roussillon em sua primeira apresentação em Cartagena diante do numeroso público que o acolheu. Na segunda parte, a autora sai do palco da Fepal e cria um debate fictício entre René Roussillon e outro francês, Roger Misès, não menos notável e respeitado.

Sendo as conferências de René Roussillon no congresso da Fepal (Cartagena, 2016) o disparador do texto, a autora se baseia em sua primeira apresentação, "Núcleos melancólicos no sofrimento da identidade narcisista", e a retoma para compor a primeira parte de seu trabalho: o modelo narcísico-identitário e sua relação com a melancolia. A reprodução dessas ideias fundamentais do pensamento de René Roussillon – e, diga-se de passagem, talvez nunca antes apresentadas de maneira tão clara –, transmitidas com muita propriedade por Martha, é para ser guardada como referência do que René Roussillon quer dizer com sofrimento narcísico-identitário e melancolia. Na segunda parte do trabalho, Martha faz Roger Misès, o criador do conceito de patologias-limite da infância, e René Roussillon conversarem sobre suas ideias de paciente narcísico-identitário num enlace criativo para atender ao seu próprio questionamento. Como era o paciente narcísico-identitário quando criança? Já pertenceria ao tipo da patologia-limite da qual nos fala Misès? Martha nos convida para acompanhá-la na resposta dessas e de outras questões na leitura do texto.

Ainda como eco de Cartagena, o Capítulo 5, "A clínica do sofrimento narcísico-identitário: trabalhando com as contribuições teórico-clínicas de René Roussillon", escrito por Ema Ponce de Léon Leiras e Ana María Chabalgoity, diz respeito a um paciente de Ana María que foi apresentado em uma oficina clínica no congresso sob a batuta de Roussillon. O grupo de estudos do pensamento de Roussillon na América Latina já vinha preparando o caso por algum tempo para ser apresentado na referida oficina clínica. Além dos comentários de Roussillon, o texto se enriqueceu com comentários introduzidos pelas autoras, Ana María e Ema, trabalhados após o congresso.

Nesse relato clínico de um tratamento que durou sete anos, com frequência de três vezes por semana, as autoras nos convidam a participar dos embates no campo transfero-contransferencial seguindo passo a passo o paciente Manuel, desde a sua primeira entrevista. Sua configuração narcísica identitária pode ser caracterizada pelos sintomas corporais do qual se queixa: "ataques de pânico, aperto no peito, taquicardia, parestesia, agorafobia" (p. 113) e uma defesa fria expressa no bom uso do idioma, de sua fala, de suas associações, em que havia excesso de palavras e falta de afetividade, de textura em seu discurso onde o tema do processo sem sujeito, tão caro a Roussillon, se deflagra. Analisar esse trabalho tão bem afinado entre analista e paciente, seguido pelo tecido compreensivo feito por seis mãos de mestre, Ana, Ema e Roussillon, seria tirar o prazer de acompanhar a riqueza suscitada pelo texto clínico. Deixo essa tarefa aos leitores.

No Capítulo 6, vamos ao encontro de "Contribuições para uma teoria sobre a constituição do supereu cruel", de Marion Minerbo, no qual somos convidados a uma imersão no conceito de supereu cruel, na clínica da pulsão de morte e os efeitos assassinos do objeto primário na psique em formação. Assim se referiu Roussillon a uma necessidade de trabalhar esse tema, e assim Marion responde elaborando um pensamento clínico teórico sobre essa questão. O autor lança a hipótese de que ataques assassinos provêm do aspecto paranoico do objeto que, ameaçado pelas demandas pulsionais do bebê, tende a defender seu próprio narcisismo, atacando-o. Faz uso de conceitos de Roussillon como suporte teórico e, a partir de exemplos tirados de sua clínica, vai tecendo a malha conceitual para introduzir caminhos possíveis para o trabalho do analista com o supereu cruel. Diz Marion que, no campo transfero-contratransferencial, o analista não é apenas uma tela de projeção das transferências intrapsíquicas do sujeito, mas o próprio analista participa na criação desse campo com sua subjetividade, ganhando a liberdade de não apenas se identificar com o objeto primário, repetindo-o, como também de criar dois novos objetos. Assim, dois objetos se apresentam, um capaz de realizar a função duplo de si e outro que encarna o *terceiro*. Cabe, ainda, lembrar que esse trabalho de Marion recebeu o prêmio Durval Marcondes durante o 22º Congresso Brasileiro de Psicanálise, em 2015.

A ideia do Capítulo 7, "*Eu sou o mal*: pulsão de morte, destrutividade e retorno *do* estado anterior segundo René Roussillon", de autoria de Luciane Falcão, apresenta a visão de Roussillon a respeito do conceito de pulsão de morte. Na primeira parte, de maneira muito resumida, a autora apresenta algumas das ideias de Freud consideradas essenciais sobre o conceito, dando um destaque especial à noção freudiana de retorno ao estado anterior. Em seguida, apresenta as ideias de Roussillon buscando a compreensão do que seria o retorno *do* estado anterior, o retorno às agonias primitivas. Digno de nota é o fato de que, em Freud, vemos o retorno *ao* estado anterior e, em Roussillon, *do* estado anterior ao tempo das agonias primitivas entendidas como sistema defensivo, à luz de uma visão clínica usada para compreender o funcionamento do automatismo mental. Tal fato de haver uma ameaça ao retorno *do* estado anterior promove uma regressão deliberada do psiquismo às agonias primitivas, expressão das más relações com o objeto primário que, segundo Roussillon, dispensaria a compreensão radical de uma volta ao estado pré-orgânico.

No Capítulo 8, "Agonias corporais em busca de simbolização", Jani Santamaría Linares traz um caso clínico de uma paciente com características narcísicas identitárias das quais nos fala Roussillon. Uma jovem de 21 anos com dismenorreia, muito debilitada fisicamente e num quadro de total falta de interesse pela vida (depressão melancólica grave). A narrativa clínica vai se desenrolando, a paciente se expõe defensivamente e provoca na analista reações muito claras de impotência. A situação traumática se impõe: a paciente nascera com um defeito no pé, o que a levou a usar aparelhos até a idade escolar, situação que tratara com altivez e independência. Mas, no desenrolar da vida, seus "controles" foram cedendo terreno paulatinamente infligindo misérias ao corpo. O trabalho de análise vai reconstruindo, etapa por etapa, as "tarefas" que tinham sido saltadas. Forma-se um vínculo de prazer com a analista e, a partir daí, é possível ter lugar o trabalho de "simbolização primária" (noção criada por Roussillon e um dos pilares de sua teoria da apropriação subjetiva). Vem o tempo da vivência do medo ao colapso, mas o trabalho de simbolizações primárias começava a transformar as agonias corporais em experiência e um espaço para a apropriação subjetiva surgia.

O nono e último capítulo, "Quando a ritmicidade proposta pelo enquadre analítico se torna excessiva e obstáculo ao trabalho de simbolização, ou sobre como fortalecer o símbolo da ausência", de Ana María Chabalgoity, propõe adentrar, de maneira vertical, em um aspecto do dispositivo analisante relacionado às dificuldades da ritmicidade expressas nas categorias de tempo e espaço em pacientes com sofrimento narcísico-identitário. É uma busca da autora por ancoradouros teóricos para desentranhar as complexidades implícitas nas variações do dispositivo analítico clássico. A autora questiona se é possível uma articulação entre teoria e clínica na busca de um espaço "onde, por sua vez, sejam tecidos fios de conexões entre os dois campos, de modo que as perguntas de um questionem as afirmações que surgem no contexto do outro, e vice-versa" (p. 197). Para isso, vai se valer da paciente Eloísa, protagonista do caso clínico, para ilustrar e evocar alguns fios do intrincado complexo teórico-clínico, que é construído em tratamentos difíceis. Ana María propõe deslocar o foco da mente do analista, o que é habitual, para as perguntas na mente do paciente e, assim, entender o que acontece com esse tipo de analisando. Como a categoria tempo-espacial está afetada, Eloísa é uma paciente que, além de faltar às sessões, às vezes chegava quando estas já tinham terminado. Outras vezes, pedia sessões extras às quais não comparecia, como também estava sempre com mensagens não lidas no celular, ou seja, mostrava uma noção indiscriminada de tempo e espaço transmitida em uma ausência de ritmicidade completa, presente ao usar o enquadre analítico. Como não pensar em tantos pacientes que sofrem dessa cronopatia, em geral entendida como certa excentricidade, ataque ao vínculo etc., mas que nunca foram compreendidos à luz de faltas simbolizantes arcaicas (tema que é desenvolvido no trabalho de Roussillon). É o que Ana María pretende expor em seu trabalho.

Encerrando a apresentação desta homenagem a René Roussillon, gostaríamos de nos juntar a Luciane Falcão em sua voz de

> *reconhecimento pelo valor teórico-clínico de tudo o que criou. Sua capacidade de jogar, brincar, movimentar-se, "dançar" a partir do entrelaçamento da metapsicologia com suas capacidades clínicas faz de sua obra uma referência para todos os psicanalistas da atualidade. Esse modelo de entrelaçamento basal estimula nosso trabalho como psicanalistas. Merci, cher ami! (p. 170-171).*

Eliana Rache e Bernardo Tanis

1. O pensamento clínico e o analista contemporâneo[1]

Bernardo Tanis

O presente trabalho se desdobra em dois momentos. A primeira parte procura caracterizar a ideia de pensamento clínico, inspirado na obra de André Green e outros autores, como um pensamento vinculante entre clínica e teoria. Trata-se de criar pontes entre a experiência vivida na clínica e certos parâmetros norteadores da teoria (ou teorizações *ad hoc*) que não tornem a experiência uma mera aplicação técnica, mas que, em contrapartida, não desabem numa idealização da espontaneidade irrefletida e/ou atuada. Na segunda parte, a fecundidade da noção de pensamento clínico nos casos limite será colocada para trabalhar a partir de um relato clínico no qual podem ser investigadas e reconhecidas

---

[1] Este trabalho é uma versão elaborada a partir das ideias que vêm sendo trabalhadas e apresentadas pelo autor em diferentes congressos: 24º Congresso Brasileiro de Psicanálise (set. 2013), 30º Congresso Latino-americano de Psicanálise (Fepal, set. 2014), e em plenária junto com René Roussillon e Eliana Rache no 31º Congresso Latino-americano de Psicanálise (Fepal), ocorrido em Cartagena (2016). Também foi publicado em *Jornal de Psicanálise*, v. 47, n. 87, p. 197-214, 2014.

noções como enquadre, trauma, limite da representação, indiscriminação afeto-representação e traumatismo narcísico-identitário. Principalmente as contribuições de René Roussilion em torno do traumatismo narcísico-identitário e os impasses da representação foram elucidativas, ao lado das de outros autores, para elaboração dessa segunda parte.

Sobre o pensamento clínico e sua necessidade

Seria um risco, para não dizer um erro, considerar que a clínica é somente uma prática, mesmo que a aproximemos da arte ou do artesanato. Alguns analistas, perante a distância e as diferenças entre clínica e teoria, muitas vezes optam por certa idealização da primeira e certo desprezo pela segunda. As relações entre clínica e teoria são complexas. Jovens terapeutas – e outros não tão jovens –, em face das angústias que desperta um campo clínico, mantêm uma relação ambivalente com a teoria: às vezes, a idealizam, querem reconhecer rapidamente nos seus pacientes aquilo que estão aprendendo nas suas leituras; outras vezes, mobilizados pela dor e sofrimento psíquico dos seus analisandos, descartam qualquer teoria, como se isso os distanciasse da vontade de auxiliar na dor e sofrimento.

O difícil é se aproximar de um pensamento clínico – que tentaremos caracterizar neste trabalho – que possa criar pontes entre a experiência vivida na clínica e certos parâmetros norteadores que não coisifiquem a experiência, que não a tornem uma mera aplicação técnica, mas que também não caiam numa espontaneidade irrefletida e atuada.

Às vezes, como resposta a determinados momentos em que, em nome da teoria, certos excessos e distanciamento da experiência ocorrem como abusos interpretativos, "tradução simultânea" ou cegueira e rigidez perante o novo que não se encaixa no saber mais ou menos constituído, assistimos nos dias de hoje a movimentos que privilegiam uma espécie de intuição sem pensamento, e isso não apenas em uma ou outra escola de pensamento: vemos esses excessos em analistas inspirados em Bion, Winnicott, Lacan e outros – embora, claro, de formas diferentes –, em um gradiente que vai de respostas identificatórias ao sofrimento e à dor do outro, e que podem chegar a uma *folie à deux*, a atos analíticos mais próximos da atuação que do corte.

Mesmo que todos os analistas possam conscientemente se referir, em maior ou menor grau, a seus modelos teóricos inspiradores, desde os anos 1980 (SANDLER, 1983) tem se evidenciado e incrementado a discussão em torno da distinção entre "a face privada" da teoria do analista (teoria implícita) e a "face pública", sendo que a primeira obedece a um sistema de identificações inconscientes, restos de análise, supervisões, ideologia do analista etc. Soma-se, então, à pluralidade de modelos teóricos, um outro conjunto de variáveis que aumenta a dispersão dos modelos e referências com os quais operamos. Sofre-se ainda mais com a questão: "Qual teoria?". Será Freud? Klein? Lacan? Winnicott? Alguma salada bem temperada, recolhendo (mas com quais critérios?) alguma coisa de cada um?

Os grupos de trabalho[2] (conhecidos como *working parties*) que tiveram origem na Federação Europeia de Psicanálise surgiram como uma tentativa interessante para auferir essa relação entre clínica e pensamento clínico.

Talvez a fonte dessa problemática resida no hiato, no campo da nossa disciplina, entre a clínica e a teoria, um hiato que já Bleger

---

2 Cf. edição "A escuta em questão: os grupos de trabalho" da *Revista Brasileira de Psicanálise*, v. 44, n. 3, 2010.

(1969) reconhecia como tensão entre a dimensão dramática, vivencial, da experiência analítica em contraposição à dimensão racional inerente à teorização.[3] Essa brecha ou tensão dialética entre experiência e teorização pode, então, ser forçada até tornar-se um abismo intransponível e cair numa apologia da experiência intuitiva. Vários modelos interessantes de que dispomos talvez careçam de uma elaboração mais acurada do que poderíamos chamar, com Green, de pensamento clínico: "Um modo original e específico de racionalidade surgido da clínica" (2002a, p. 12).

Novas modalidades de subjetivação, prazer e sofrimento. Novas abordagens epistemológicas. O analista está em busca de equilíbrio a partir do desequilíbrio. Entre a paixão e o medo. Apego ao conhecido *vs.* coragem e ousadia de enfrentar o novo. São novas as maneiras de viver e de padecer daqueles que chegam até nós e propõem novas demandas. Como psicanalistas, de que modo respondemos a essas solicitações?

As situações atuais de excesso, fragmentação e paradoxos vinculares, entre outras da chamada condição pós-moderna, guardam correlação com a predominância do ato-sintoma e não favorecem a capacidade de simbolização e a função onírica.[4] Vários autores sustentam essa hipótese.

Nesse contexto, ficaria cada vez mais difícil – como nos mostram as configurações não neuróticas: *borderline*, bulimias e anorexias, adições, patologias do vazio etc. – construir um ideal de ego e um projeto identificatório.

---

3 Ver os interessantes comentários de Greenberg (2012) e Faimberg (2012) sobre a atualidade do pensamento de Bleger no *International Journal of Psychoanalysis*.

4 Tema do nosso Congresso Brasileiro de Psicanálise, em 2015, *Sonho/Ato: a representação e seus limites*, no qual estas questões foram amplamente debatidas.

Ainda mais, o aprofundamento em torno da dimensão constitutiva da subjetividade a partir do binômio intrapsíquico-intersubjetivo tem como corolário novos lugares e funções para o analista e nos indaga sobre os fundamentos das transformações no nosso fazer clínico cotidiano.

As configurações não neuróticas, caracterizadas pela indiscriminação afeto-representação (GREEN, 2002b) e por traumatismos narcísico-identitários (ROUSSILLON, 1999), geraram novos desafios para a clínica psicanalítica nas últimas décadas, tornando-se um dos eixos centrais para a reflexão em torno do pensamento clínico contemporâneo.

Esse cenário clínico torna indispensável retornar com força renovada ao estudo do narcisismo, retornar à constituição do eu e às relações intrínsecas com o dualismo pulsional de vida e morte, mantendo uma atenção redobrada à natureza masoquista imbricada no eu ideal que neutraliza a força de Eros.

Neste contexto, quais as condições de escuta que oferecemos e nos outorgamos? E de que modo elas permitem ou não uma adequação para determinadas configurações subjetivas?

Coloca-se a importância de uma reflexão teórico-clínica em torno do enquadre, como já foi proposto por Bleger (1967) há décadas e retomado por analistas como Winnicott e Lacan, e mais recentemente por Green e, com bastante abrangência, por Roussillon (1995), entre outros – reflexão esta que contempla também o enquadre interno do analista, suas possibilidades e limites.

Obviamente, meu intuito é convidá-los ao diálogo e intercâmbio de ideias, sem nenhuma pretensão de apresentar respostas prontas, mas sim de encarar com entusiasmo a indagação, as ricas contribuições de alguns analistas que apontam na direção do pensamento clínico atual, de quem é e como trabalha o psicanalista na atualidade.

Antes de avançar rumo à clínica, acho oportuno sinalizar algumas características contextuais da *passagem* do moderno para o contemporâneo, mantendo, no horizonte epistemológico, a paradoxal tese de Agamben sobre a opacidade em relação ao tempo presente, o que garante nossa perplexidade e, simultaneamente, nossa pertença ao atual.

Passagem do moderno para o contemporâneo

A eclosão da Primeira Guerra Mundial foi um marco histórico para as grandes transformações que tiveram lugar no século XX. Assinala o colapso da civilização ocidental tal como estava estruturada até o século XIX – uma burguesia exultante com os avanços da ciência e do conhecimento, com o progresso material e moral e com o eurocentrismo. Inicia-se uma escalada de crueldade e violência, uma marca da crescente brutalidade que caracterizaria o século XX (HOBSBAWM, 1995).

Podemos pensar que aquilo que seriam as possíveis "regras" de uma guerra foram quebradas nesse conflito. O *setting* das guerras mudou e atingiu as cidades, chegando aos civis. O enquadre estava perdido. Após a Primeira e a Segunda Guerras Mundiais, após o Holocausto, a maneira de viver e pensar o mundo e a si mesmo não poderia mais ser a mesma.

Freud conceitua a pulsão de morte (1920), assim como drásticos mecanismos defensivos: a desmentida (*Verleugnung*) e a recusa (*Verwerfung*). O id já não possui as mesmas características representacionais do inconsciente reprimido; transforma-se em lugar pulsional por excelência. O eu, as identificações e as instâncias ideais tornam-se muito mais complexos investidos na dialética pulsional. O olhar do psicanalista e sua percepção do analisando necessariamente mudam. Essas descobertas de Freud se constituem em um legado para o psicanalista contemporâneo.

a. Modernidade

Como introdução, eu os convido a colocar, como operador interpretante, a ideia de *passagens*[5] – entre o moderno e o contemporâneo. Sempre me seduziu a ideia de passagem, fronteira, limites; penso que as angústias e os desafios em períodos e regiões de transição evidenciam com maior nitidez as diferenças. Isso porque a psicanálise pode ser entendida, em sua primeira investida, como porta-voz original do movimento modernista – porta-voz que, mesmo sem desacreditar o projeto emancipatório da modernidade, coloca em evidência suas fraturas e impasses. Seguem algumas teses que sintetizam parte dos argumentos sobre a relação da psicanálise com a modernidade expostos por Birman (2012), um dos autores que, no Brasil, mais se dedicou ao estudo do tema.

1) A problemática do descentramento do sujeito foi formulada de maneira sistemática no discurso freudiano desde "A interpretação dos sonhos" (1900). O que estava em pauta, na tese do descentramento, era o enunciado da existência do registro psíquico do inconsciente, concebido como sendo de ordem sexual e pulsional, tese que se aprofunda na leitura sobre a sexualidade e a pulsão empreendida nos "Três ensaios sobre a teoria da sexualidade" (1905). Um inconsciente de natureza sexual e desejante.

2) A modernidade, como sabemos, continha um projeto político emancipatório, a partir do qual se desloca o poder do monarca absoluto, ancorado no divino, para o indivíduo como valor. A

---

5 Cf. edições "Passagens I" e "Passagens II" da *Revista Brasileira de Psicanálise* (2012a; 2012b).

liberdade passa a ser um valor psicanalítico, num movimento que vai do abandono da hipnose e da sugestão para a elaboração da transferência. Desejo, sexualidade e recalcamento são as marcas que dominam a primeira tópica. A psicanálise, nessa primeira versão, alude à dimensão conflitiva da vida psíquica entre a sexualidade e a *autoconservação*; a ruptura e a interpretação são ferramentas que permitem o alargamento da consciência alienada.

3) A expressão clínica desse projeto emancipatório é o movimento da hipnose à associação livre e à transferência. Freud realiza, como se sabe, uma leitura crítica do dispositivo da hipnose. Reconhece a ideia de poder do hipnotizado e sua influência. Lugares desiguais e hierárquicos marcam a hipnose – Freud irá aprofundar isso em *Psicologia das massas e análise do ego* (1921). A hipnose supunha uma evidente relação de poder entre as figuras do médico e do doente.

4) Isso conduz Freud à associação livre, à descoberta do enquadre psicanalítico e à abstinência de satisfazer as demandas do analisando, criando assim uma nova postura ética para o campo psicanalítico, que se sustenta na liberdade e permite evidenciar a força do desejo, do conflito e do recalque. A terapia psicanalítica funciona por *via di levare*, e não por *via di porre*.

Qual veio a ser o destino desse movimento?

5) Assim como Freud abre, a partir de *A interpretação dos sonhos* (1900), as portas para o inconsciente, descobrindo a nova gramática do processo primário, os modernistas inauguram uma nova forma discursiva a partir da subversão dos processos convencionais de representação artística.

b. Contemporaneidade

1) Os limites da capacidade de representação na clínica e na cultura, assim como a crise dos modelos conceituais que a sustentavam, impulsionam novas descobertas e postulações: força pulsional do narcisismo, o traumático, a compulsão à repetição que se insinua como tendência para além do princípio do prazer, indícios de transformações inesperadas na concepção do psiquismo, sua estrutura e as forças que o animam.

2) Também no campo social e cultural começam a se delinear novas feições após a Primeira Grande Guerra, e vão ficando para trás os ideais da modernidade. Inaugura-se uma era de incertezas, falência de certa ordem estabelecida, incremento da vivência de caos, excesso e desamparo em diferentes formas e, depois de Auschwitz, problemas para identificações, construções de ideais e Supereu.

3) Soma-se a isso, desde uma perspectiva epistemológica, um questionamento de modelos que visam à completude, bem como o fechamento numa teoria representacional, num único campo. São denunciados como redutores. Surgem novos modelos de pensamento de inspiração fenomenológica, linguística, semiótica e dialética. Há questionamentos em torno da hegemonia e das possibilidades da representação. Começam a aparecer modelos que apontam na direção de uma metapsicologia da presença. *Darstellung* e *Vorstellung*. Há uma indagação genealógica/desconstrutiva, herdeira de Nietzsche, que coloca em perspectiva os diferentes dispositivos (FOUCAULT, 1975) clínico-institucionais e discursivos e seus vínculos com mecanismos hegemônicos e de poder.

Mais recentemente, o pensamento complexo, como formulado por Edgar Morin (1990), coloca em perspectiva a interdependência de diferentes sistemas, o que põe em xeque a compartimentalização dos saberes e discursos. A abstração não pode se dar eliminando os contextos. Envolve o indeterminado e a incerteza. Enfatiza a transdisciplinaridade. Lida com o paradoxo de que o reconhecimento do global permite uma aproximação ao singular.

4) Freud propõe um olhar mais acurado sobre o traumático, o não representado e o irrepresentável. Uma nova tópica se esboça para reordenar as novas descobertas, novas defesas mais drásticas (clivagem, recusa) frente aos conflitos com a realidade, a pulsão e os objetos, que tornarão mais complexos os processos de simbolização que até então pareciam garantidos pela existência do recalque e do processo secundário. Coloca as bases do que será nossa clínica atual. Marucco (2013), por exemplo, fala que trabalhamos concomitantemente com o que chama de *zonas psíquicas*: sonho, narcisismo, traumático/pulsional, identificações, fetichismo – *mais do que nunca, o psicanalista está exposto, no seu fazer, à multiplicidade*. Devemos estar atentos a duas formas sintéticas nas quais Freud define o objetivo do fazer psicanalítico e que imageticamente podemos apresentar como: "Tornar consciente o Inconsciente" e "*Wo Es war, soll Ich werden*" ("Onde era o Id, Eu devo advir"), mas acrescente-se que não se trata apenas de um id pulsional, já que não podemos excluir o potencial traumático do objeto. Aqui, Ferenczi, Winnicott, Lacan, Green, Laplanche são fundamentais.

Chaves para refletir sobre o pensamento clínico

a) Falar de pensamento clínico significa, dirá Green (2002a, p. 14), aludir às transformações ditadas pela angústia, o sofrimento, a dor; às estratégias para negá-los ou combatê-los, para tratar de se desvencilhar deles e também para tentar superá-los.

b) Mesmo que não fale diretamente de um analisando em particular, o pensamento clínico suscita em quem ouve ou lê a lembrança de um paciente ou um grupo de pacientes, o momento de uma análise. O pensamento clínico, diz ainda Green parafraseando Botella, *fala unicamente a mim, mas também aos outros.*

c) O pensamento clínico reconhece o hiato intransponível entre a clínica e a teoria, que não admite uma correspondência unívoca, mas é nesse próprio hiato que clínica e teoria transitam e nele reconhecemos os movimentos e novos rumos da nossa prática.

d) O reconhecimento da existência do pensamento clínico, do esforço por comunicação, de tornar pensável o tido como inefável, nos vacina contra transferências alienantes e os modismos que muitas vezes se instalam em nossas instituições.

e) Sustentar a ideia do pensamento clínico é, a nosso ver, manter revigoradas e com liberdade de criação as tensões inerentes ao pensamento freudiano. Por exemplo, a retomada do par pulsão-objeto, sem negar um dos polos, e guiados por uma lógica da terceiridade, que procura estabelecer pontes de inteligibilidade nos cruzamentos e passagens dos processos primários para os secundários, dos afetos para representação, constitui uma aposta na possibilidade de trabalhar a tensão constitutiva da subjetividade humana.

f) Temporalização (TANIS, 2013) da experiência psíquica.[6] Cronos, Aión e Kairós são, neste contexto, a abertura da clínica de

---

6 Agamben, em *Infancia e historia* (2003), e Deleuze, em *Lógica del sentido* (1969), confrontam, cada um a seu modo, a necessidade de discriminar o significado das diversas temporalidades na constituição da história, dos mitos, dos relatos, das vivências, da cultura. Dividem a temporalidade de Cronos numa temporalidade circular greco-romana – aquela do mito, da humanidade, da repetição, na qual há um antes e um depois que se alternam em uma

hoje, com que ela vai além do modelo do sonho como formulado na primeira tópica, abordando os casos-limite, as passagens para o ato, as somatizações. Isso, mais do que nunca, força os limites do pensamento clínico e o reenvia à sua origem, origem temporal e também originalidade, novidade, perplexidade.

Uma narrativa clínica e o traumatismo narcísico-identitário

Vou expor, de modo sucinto, certas características de uma experiência analítica com um jovem a quem chamarei Pedro. Esta versão pode ser lida como relato ficcional e como um paradigma representativo (evidentemente, cada experiência será singular e única) de muitos jovens que nos procuram hoje na expectativa de poder lidar melhor com seu sofrimento. Pedro é um adolescente que se apresenta nos primeiros contatos a partir de uma imagem que oscila: entre uma deterioração generalizada de sua autoestima, física e psíquica, um palhaço na sala de aula, um aluno que fracassa, um ser falido, e, em contrapartida, uma onipotência, na qual me fala de livros publicados, de seus dotes artísticos em exercício, de sua bissexualidade praticada (que é motivo ora de orgulho, ora de angústia). Sua fala irônica destitui defensivamente a possibilidade de estabelecer um vínculo mais estável comigo. Come compulsivamente. Em relação a mim, busca me controlar como objeto imaginário que pode ser manipulado, procura me assimilar à sua analista anterior, não há encontro com alteridade, me coloca num lugar predefinido no qual não me reconheço. Filho adotivo, desde os primeiros dias de vida habita um mundo

---

ordenação não cronológica, mas "acontecimental" – e numa temporalidade linear judaico-cristã – aquela da revelação, de Deus, de uma origem. A isso se acrescenta uma temporalidade do instante, do presente absoluto, de Aión, que abre a bifurcações infinitas e imprevisíveis, bem como uma temporalidade que concerne à clivagem, o momento justo, sempre singular, que é o de Kairós.

marcado pela tensão entres seus pais, que se separaram quando ainda era muito pequeno, em meio a brigas e desfeitas intensas. Embora seja procurado pelo rotundo fracasso escolar, Pedro deixa entrever uma demanda de auxílio em face da dimensão traumática de uma configuração narcísico-identitária precária – na falta de um continente capaz de fazer face às demandas pulsionais e a traços e afetos não simbolizados. Bleichmar (2011) nos fala, nesse contexto, das marcas do vivido que não podem se transformar em experiência: o sujeito é afetado e jogado numa gangorra de estados emocionais e atuações constantes. Pedro procura uma saída mágica que imagina poder mitigar sua dor: cirurgia plástica, vínculos simbióticos, drogas. O teatro, a teatralidade e o mundo das imagens filmadas são, ao mesmo tempo, campo de atuação e de perlaboração; se bem obedecem ao registro da *Darstellung* (presentificação), na qual não há um espaço entre si e o objeto, permitem a busca de um caminho da *Vorstellung* (representação/simbolização). Não vou me alongar na análise com Pedro: acho que isto é suficiente para os fins deste trabalho.

Para Roussillon, com quem concordamos, o inconsciente, nesses casos, não remete ao percebido recalcado, mas àquilo que não conseguiu encontrar lugar subjetivo para se inscrever. Trata-se de uma fragilidade narcísica que regula tanto suas relações objetais como as com sua própria imagem.

O aspecto frenético e a precipitação da passagem ao ato mostram que a satisfação é procurada na intensidade e na atemporalidade mais próxima dos processos inconscientes, ou seja, "em ruptura com os processos secundários que caracterizam, em referência à realidade e à história, o funcionamento do ego". E ainda mais: "O fracasso da elaboração de sintomas por simbolização e pela formação de compromisso testemunha a fragilidade do contrainvestimento e do recalcamento secundário" (BRUSSET, 2003, p. 144).

Como percebemos, estamos em face não apenas de uma manifestação sintomática, mas de outro modo de organização psíquica, pobre em recursos representativos capazes de simbolizar as precárias relações com o objeto originário. Assim caracteriza McDougall o ato-sintoma presente nas bulimias, nas adições (tabagismo, álcool), nas compulsões sexuais:

> *Descobrimos nesses casos uma carência na elaboração psíquica e uma falha de simbolização, as quais são compensadas por um agir compulsivo, procurando desta forma reduzir a intensidade da dor psíquica pelo caminho mais curto. Todo ato-sintoma ocupa o lugar de um sonho nunca sonhado, de um drama em potencial, onde as personagens desempenham o papel de objetos parciais ou até são disfarçados de objetos-coisa, numa tentativa de imputar aos objetos substitutivos a função de um objeto simbólico que está ausente ou danificado no mundo psíquico (ex. os alimentos ou a droga que servem como resposta à depressão) [...] Deste modo a exteriorização de um "agir" esconde uma história relacional e passional cujos intuitos, ainda que sua leitura nos seja acessível, está petrificada em um ato alienante (MCDOUGALL, 1978, p. 134).*

Para Silvia Bleichmar (2011), cujo trabalho se inspira na obra de Laplanche e na clínica com crianças, trata-se de traços mnêmicos que não foram fixados pela memória, mas aos quais o sujeito se vê "fixado". As clássicas interpretações simbólicas, dirá a autora, obturam a possibilidade de estabelecer um nexo mais profundo; estará em jogo estabelecer um tecido simbólico capaz de cerzir o desgarrado. Propõe a ideia de simbolizações de transição, cujo sentido é possibilitar um nexo para capturar restos do real que não podem ser apreendidos pela livre associação ("autotransplantes psíquicos").

Trata-se, segundo a autora, de transformar o ato em indício ou em algo da ordem do real que se impõe ao sujeito e o obriga a uma interpretação. Vamos retomar essa ideia logo mais.

Mesmo sem pretender uma correlação direta ou determinista entre cultura e subjetividade, podemos nos indagar acerca do contemporâneo e observar talvez algumas correspondências.

Retornemos à citação de McDougall: "Todo ato-sintoma ocupa o lugar de um sonho nunca sonhado". A pergunta que se impõe é: será que as condições de excesso, fragmentação e paradoxos vinculares, entre outras da chamada condição pós-moderna, guardam alguma correlação com a dominância do ato-sintoma, em lugar de favorecer a capacidade de simbolização e a função onírica? Vários autores sustentam essa hipótese. Nesse contexto, por exemplo, para os sintomas da bulimia, seria, como assinala Brusset (2003, p. 138), cada vez mais difícil para essas personalidades "construir um ideal de ego e um projeto identificatório". Se, na clínica das adições e das compulsões alimentares, predomina o ato com um mínimo de representação, isso não alude necessariamente a uma subjetividade sem sujeito, mas a um psiquismo que se estruturou em um severo prejuízo representativo, em uma precariedade dos processos de simbolização. Isto sim demandará, seja do analista, seja de uma equipe de profissionais, uma estratégia clínica diferente daquela que domina os processos compulsivos na neurose obsessiva. Estaríamos à procura de modelos clínicos que possibilitem a construção mais do que a interpretação; a emergência e a neogênese subjetiva fornecerão elementos para permitir que, *a posteriori*, essas compulsões possam ser inscritas em uma cadeia de sentido. Por outro lado, esse contexto e a pressão na constituição da subjetividade, assim como a frequência dessas patologias, teriam impelido os analistas a refletir com maior intensidade em torno do que poderia ser caracterizado como sintoma social, colocando, como disse anteriormente, desafios complexos para a metapsicologia e também para a clínica.

Interessa-nos o símbolo enquanto signo inserido numa trama, numa cadeia que permite sua função de circulação dos afetos e sentidos.

> *Falar de simbolização implica [...] o trabalho psíquico a partir de vivências que se dão no encontro-desencontro com o outro e que com base nos movimentos metonímico-metafóricos em nível representacional configuram cadeias de representações a partir das quais se constitui uma verdadeira trama que permite a circulação do afeto (SCHKOLNIK, 2007, p. 28).*

Retornemos a Pedro: a meu ver, coexistem diferentes modos de funcionamento psíquico, numa heterogeneidade sígnica. Certas demandas podem ser articuladas de modo simbólico, enquanto outros processos aludem a uma incompletude ou precariedade da terceiridade, dominada por processos que operam na esfera da secundidade (processos fusionais/indiscriminação/não diferenciação entre masculino e feminino) ou da primeiridade (pura qualidade pulsional). Pensar os processos de simbolização desde essa perspectiva significa, a meu ver, levar à risca a ideia de que eles poderão se desenvolver no contexto vincular – vínculos que devem ser experimentados e investigados, a partir de uma perspectiva polifônica, no espaço intermediário, potencial, entre as condições reais de nossa existência e a dimensão simbólico-pulsional do acontecer humano. Acontecer ameaçado pelo risco do desenraizamento, excessos de informação, fenômenos de exclusão social, insegurança e medo, assim como pela violência que desafia o frágil tecido das nossas representações. Estará em jogo como nós analistas pensamos e, principalmente, elaboramos clínica e teoricamente essas configurações paradoxais. Esses pacientes, como Pedro, nos convocam a lidar com sua sobrevivência psíquica; passagens para o ato são constantes dentro e fora da sessão, descargas pulsionais, estados depressivos. Muitas vezes nos sentimos encurralados: se correr o bicho pega, se ficar o bicho come. Minhas intervenções podem ser experimentadas como intrusivas se contiverem algum elemento que possa tocar um núcleo traumático na esfera do narcisismo; por outro lado, qualquer fala cujo caráter possa ter um elemento suportivo explícito pode ser vista como tola e também censurada. De onde vemos que a dimensão do signo que alude ao três desde o início, e não à esfera da dualidade, é a necessária para superar as armadilhas às quais esses pacientes nos convocam. Trabalhamos o vínculo no contexto transferencial; estamos sempre no fio da navalha.

Alguns elementos em destaque no pensamento clínico na atualidade

Embora muitas vezes apareçam isolados, vejo a articulação de alguns elementos como necessária para avançar no pensamento clínico atual. Esses elementos são um precipitado reflexivo de experiências clínicas com analisandos, aqui representados por Pedro, e de analistas que ousaram penetrar em territórios desconhecidos e que souberam ir além dos aspectos descritivos, procurando identificar elementos comuns a certas configurações psíquicas, aos modos de se organizar defensivamente face ao traumático, à precariedade representativa dos desafios aos quais o analista se vê submetido no contexto transferencial-contratransferencial, e que, além disso, constatam certa insuficiência nas palavras de ordem ou aforismos sedutores para nortear a clínica. Convido você leitor, seja um jovem colega ou um analista experiente, a aprofundar nossa compreensão em torno destes elementos, que certamente reconhecerá em sua experiência:

1. Enquadre/enquadre interno do analista.

2. Traumatismo narcísico-identitário.

   2.1 Da indiscriminação afeto-representação.

   2.2 Das condições de simbolização, paradoxos, terceiridade.

3. As instâncias ideais/projeto identificatório/gozo.

4. Instituição/formação.

Enquadre/enquadre interno do analista

A clínica atual nos coloca fora de territórios seguros. Se quisermos ser fiéis a uma ética psicanalítica que não se enquadra no normativo, que mantém distância do paradigma cognitivo-comportamental e de uma psiquiatria cada vez mais afastada da psicanálise e cada vez mais próxima da neurociência, teremos que enfrentar os desafios de trabalhar em zonas mais desconhecidas, nos confins e bordas da subjetividade aos quais as cartas náuticas nem sempre chegaram. Teremos que lidar com os efeitos de nossa presença e de nossa ausência – as distâncias se encurtam entre analista e analisando. O domínio do verbal encontra seus limites nas inomináveis angústias atuadas. *Agirem, enactments*. Green sugere uma dupla perspectiva do enquadre: uma matriz ativa, núcleo da ação analítica, e uma configuração externa e variável (face a face, divã, número de sessões, trabalho em instituições), como estojo protetor da primeira. Como se articulam esses dois aspectos do enquadre diante dos desafios da clínica atual? Estamos no interjogo transferencial-contratransferencial. Identifico nesses casos um risco de situações de análise interminável pela dimensão de captura em uma trama dual, dominada pela indiscriminação afeto-representação. Trata-se talvez de um manejo das condições espaço-temporais do enquadre, do uso da palavra e do silêncio para que, uma vez que ambos habitem o espaço da ilusão, o trabalho do negativo possa encontrar meios de se fazer. Ferenczi e Winnicott já sinalizaram o caminho que envolve o manejo do enquadre – enquadre que, mesmo em pacientes neuróticos, o próprio Bleger identificava como depositário de aspectos psicóticos da personalidade. Mais recentemente, Green nos falava do enquadre como estojo da matriz ativa e processual da análise, sinalizando a importância do enquadre interno do analista como garantia da função analisante. Mas de que se trata quando falamos de enquadre interno?

Alizade (2002; 2009), em uma interessante reflexão, nos convida a pensar que talvez a institucionalização da psicanálise e o receio de contaminação por fatores de outras disciplinas tenham produzido um controle excessivo sobre o que se veio a denominar "enquadre". Essa ênfase exagerada no aspecto externo do enquadre parece ter definido um enquadre "tipo". Assim, propõe a ideia de enquadre interno implícito na regra da livre associação, a regulação dos processos psíquicos que emanam das configurações internas do analista, a capacidade de empatia e permeabilidade do analista, seu próprio inconsciente, o desenvolvimento da sua capacidade criativa na arte de curar. O trabalho com e no silêncio, com o não formalizável dos afetos. A este enquadre interno, a autora confere um estatuto teórico-vivencial no qual o analista pode encontrar uma espécie de espontaneidade livremente flutuante.

Traumatismo narcísico-identitário: paradoxos, terceiridade, primórdios da simbolização

"A representação inconsciente, mais que um dado de partida, é produto de um trabalho" (GREEN, 1987, p. 147). A análise, ao lado de um trabalho sobre as representações, passa a ser também espaço para o trabalho de representação (p. 147). E quase como uma conclusão: "A representação é a representação-meta da psicanálise, esta sinaliza na direção de fazer representável, pela palavra, o que estava fora da representação consciente" (p. 152). Mas, ao mesmo tempo, sabemos que nem tudo pode ser dito, simbolizado ou elaborado pela linguagem verbal. Coloca-se aqui o lugar do jogo, da criatividade, da sublimação.

Durante certo tempo, prevaleceu no campo psicanalítico, e ainda se faz presente, uma cisão entre o pensamento que enfatizava a metapsicologia centrada na teoria pulsional e uma abordagem pautada pelas relações de objeto. A meu ver, essa cisão ofuscava a possibilidade de compreender, em maior profundidade, a complexidade e riqueza da noção de narcisismo, como desenvolvida por Freud, e as imbricações no que diz respeito tanto ao desenvolvimento e estruturação do eu, dominando o aspecto mais demoníaco da pulsão de morte, quanto ao aspecto iatrogênico das idealizações e dos excessos sublimatórios. Um primeiro olhar para a questão do narcisismo patológico e do narcisismo estruturante poderia ser seguir os passos de André Green quando nos propõe a superação do dualismo entre pulsão e objeto ao falar do duplo limite (dupla fronteira) interior-exterior, Inconsciente Prcs.-Cs. "O par pulsão-objeto já não se apresenta como par, mas como substrato fundamental único do qual nasceram sucessivamente o eu e os demais produtos da estruturação psíquica" (GREEN, 2001, p. 154). A partir dessa perspectiva, o objeto como revelador da pulsão far-se-á presente desde os primórdios da estruturação, de modo que a qualidade da sua presença opera como elemento regulador de angústias de abandono e separação, assim como de aspectos intrusivos dessa presença.

A dimensão narcísica desses primeiros intercâmbios, que compreendem os processos de investimento, fusão e desfusão pulsional, objetalização e desobjetalização, ofereceu o cenário afetivo-representacional para as primeiras identificações. Quando bem-sucedidas, o narcisismo se instaura como guardião da vida e possibilita uma estrutura que regula os investimentos libidinais e garante certo apaziguamento das forças desobjetalizantes. As possibilidades de fracasso das simbolizações primárias, das primeiras marcas significantes, poderão edificar os andaimes iniciais de um eu ou, em contrapartida, produzir traumatismos narcísico-identitários, no dizer de René Roussillon (2012). No que segue, vou me valer da sua conceituação.

Para esse autor, se o sofrimento psíquico está em primeiro plano, ele produz um estado de agonia (Winnicott); se ele se mistura com o terror ligado à intensidade pulsional envolvida, produz um terror agonístico ou um "terror sem nome" (Bion). Esses estados traumáticos primários possuem um certo número de características que os especificam. São, como os estados de desamparo, experiências de tensão e de desprazer sem representação (o que não quer dizer sem percepção ou sensação), sem saída, sem recursos internos (foram esgotados) e sem recursos externos (falhos) – são estados para além da falta e da esperança. Esses estados traumáticos primários reencontram então um impasse subjetivo; eles provocam um estado de desespero existencial, uma vergonha de ser que ameaça a existência da subjetividade e da organização psíquica. A clivagem do eu é a modalidade defensiva para essas angústias. São as modalidades de ligação primária não simbólica que especificam melhor os quadros clínicos das patologias narcísico-identitárias.

Não podemos nos estender aqui, dada a complexidade do tema, mas vale mencionar que nos encontramos frente a diferentes modalidades descritas por Roussillon (1999) e outros autores, como a neutralização energética (neutralizar o retorno do clivado por uma organização da vida psíquica destinada a restringir, tanto quanto possível, os investimentos de objeto e as relações que arrisquem a reativação da zona traumática primária e o estado de falta degenerativa que a acompanhou), a sexualização (são o masoquismo "perverso" e o fetichismo, comportamentos que resultam de uma utilização perversa da sexualização e não de sua organização fantasmática), a ligação não simbólica primária somática (uma das bases narcísicas, o corpo, encontra-se dessa forma sacrificada em uma de suas partes ou uma de suas funções para ligar o que "ameaça" a psique), soluções psicóticas e outras. Eis aqui um caminho possível para elucidar a distinção entre narcisismo estruturante e sua dimensão patológica, herdeira de traumatismos precoces.

O trabalho com Pedro revelava pouco a pouco, e às vezes repentinamente, muitos desses aspectos. Predominava a ausência de separação do objeto, seja por sua dimensão intrusiva, seja por ausência e inadequação; dominavam modos de relação e apego de caráter destrutivo e masoquista. Assim, ao relatar episódios de encontro e desencontro com seus amigos ou parceiros, as vivências eram absolutas, ou tudo ou nada, ou fundia-se com estes ou caía num vazio angustiante após algum desapontamento. A sexualidade era submetida a um regime compulsivo, a uma constante decepção. Reconhecia a falta de formações intermediárias, ou seja, produções psíquicas mais organizadas que implicam um início de trabalho de discriminação afeto-representação. Para o analista, a passagem da fusão da ilusão para a esperança comporta que ele acolha sem sucumbir à demanda de fusão. Estarão em jogo os paradoxos, no sentido winnicottiano, que permitem a elaboração das experiências de ruptura e descontinuidade por meio de uma não discriminação unívoca das experiências do dentro e do fora, do interno e do externo, do eu e do não eu, da presença e da ausência. Desse modo, o dito anteriormente sobre o enquadre ganhava muito sentido; fazia-se necessário para mim um intenso trabalho de elaboração interna para poder estar ao lado de Pedro, ao mesmo tempo que era requerida uma flexibilidade nas condições do enquadre externo.

As instâncias ideais/projeto identificatório/gozo

Tive a oportunidade de me debruçar sobre este aspecto específico da clínica atual em outra oportunidade (TANIS, 2014), razão pela qual não gostaria de me repetir. Apenas assinalarei alguns elementos no que concerne ao pensamento clínico. No atual contexto, abandona-se o cânone e reinam as singularidades, relativizam-se as verdades; trata-se de uma nova geografia a ser ainda investigada no campo do político e que busca novos critérios ante os fracassos ou questionamentos dos modelos totalitários, neoliberais, pragmáticos, de fanatismos religiosos ou de anomia social. De alguma forma, isso afeta o modo como o analista lida com o enquadre e as representações que possui sobre a análise; a singularidade e o enquadre interno do analista podem conduzi-lo a um solipsismo no qual se veja impedido de encontrar certas invariâncias.

Qual será o lugar das instâncias ideais (eu-ideal, ideal do eu, supereu) na composição das identificações do jovem analista? Sabemos que ocupam um lugar de garantia narcísica e também resistencial, mas, ao mesmo tempo, possuem função reguladora dos afetos, garantindo certo equilíbrio econômico e representacional para o psiquismo.

Assim, como as instâncias ideais podem ser reificadas, corremos o risco de naturalizar a violência desenfreada, colocando-a como originária de um aspecto não

> *dominado da natureza humana [...] Tornam-se marcantes dois extremos: um que alude à dominação da pulsão face ao traumático, e outro que implica um elemento mortífero que vai do sadismo ao desentroncamento pulsional e anobjetalidade.*[7] *Por meio da noção de poder, esses extremos permitem uma interrogação sobre as duas possibilidades de exercício do domínio: (a) domínio da força pulsional e dos estímulos; e (b) domínio sobre o outro através do controle e do sadismo* (TANIS, 2014, p. 187).

O filme *Relatos Selvagens*, dirigido por Damián Szifron (2014), ilustra com maestria notável, em seis breves episódios, a violência desenfreada, a vingança selvagem como resposta a situações de coerção, humilhação social e falta de esperança a que o indivíduo pode ser submetido. Desse modo, podemos nos perguntar sobre os efeitos subjetivos dessa modalidade de poder que penetra os interstícios dos vínculos. Assim, em nosso tempo dito pós-moderno, quais as vias do poder de se fazer presente na situação analítica? De que recursos Pedro se valia, na vida com seus familiares e comigo, para se vingar de um destino que o submetia a um sofrimento vivido como irreparável? Talvez, uma cultura na qual as formas de poder aparecem mais difusas, mas nem por isso menos esmagadoras (consumo, narcisismos, controle, mecanismo de gozo etc.), e produzem efeitos na construção dos ideais, das identificações. Uma nova moral para o supereu, pela qual a ética, como campo de contato com a alteridade, esteja comprometida. Retomemos nossas indagações sem pretender fechar um sentido: de que modo se estruturam hoje as instâncias ideais em relação ao

---

7   Remetemos o leitor a um interessante trabalho de Cardoso (2002), no qual essas ideias são sinalizadas e discutidas.

discurso da cultura incorporado via supereu e as identificações? O imperativo moral, o masoquismo moral, parece ceder ao imperativo de gozo; o masoquismo erógeno parece dominar a cena. Isto se faz presente em várias configurações subjetivas e nos remete a nosso lugar como analistas e ao tema do enquadre interno e da ética, do qual falava há pouco.

A modo de conclusão instituição/formação

Aceitamos os questionamentos epistemológicos, também as tensões entre a teoria e a clínica; resta saber a nossa margem de abertura para as fronteiras desta clínica de risco. Esta clínica que subverte os enquadres, o *setting* tradicional, que sai dos consultórios, que vai para os hospitais, para a rua, para as casas e as famílias, que espaço tem nas nossas instituições, na análise de futuros analistas, na formação analítica nos institutos, herdeira ainda do modelo Eitingon?

Considero que o pensamento clínico pode ser de grande auxílio para enfrentar os desafios clínicos atuais, nos diferentes contextos. Se lugar intermediário, terciário, como elemento que coloca em contato experiência clínica e teoria sem reduzir uma a outra, ele permite tornar pensável, no contexto de uma matriz dialógica, a complexidade da transformação do lugar do analista na atualidade (TANIS, 2014).

Freud nos mostrou que os mesmos processos psíquicos que agem como determinantes da neurose faziam parte de todos nós; hoje percebemos as insuficiências simbólicas e a incapacidade de transformação de muitos elementos não simbolizados na subjetividade do homem contemporâneo. Talvez, se tivermos condições de olhar para estes restos traumáticos que convidam mais para o ato que para a representação também na nossa formação como analistas e no seio das nossas organizações, bem como no convívio institucional, possamos avançar ainda mais no campo do exercício e do pensamento clínico face às demandas atuais.

Referências

AGAMBEN, G. *Infancia e historia*. Trad. S. Mattoni. Buenos Aires: Adriana Hidalgo, 2003.

ALIZADE, M. El rigor y el encuadre interno. *Revista Uruguaya de Psicoanálisis*, v. 96, p. 13-16, 2002.

_____. Cuestionario: encuadre y dispositivo analítico. *Topia*, 2009. Disponível em: <http://www.topia.com.ar/articulos/cuestionario-encuadre-y-dispositivo-psicoanal%C3%ADtico>. Acesso em: 16 nov. 2014.

BIRMAN, J. Modernismo e psicanálise: a problemática da influência na crítica freudiana do dispositivo da hipnose e na constituição do dispositivo da transferência. *Revista Brasileira de Psicanálise*, v. 46, n. 2, p. 47-64, 2012.

BLEGER, J. Psychoanalysis of the psychoanalytic frame. *The International Journal of Psychoanalysis*, v. 48, p. 511-519, 1967.

_____. Teoría y práctica en psicoanálisis. La praxis psicoanalítica. *Revista Uruguaya de Psicoanálisis*, v. 11, p. 287-303, 1969. (Também publicado em *Revista de Psicoanálisis*, v. 60, n. 4, p. 1091-1104, 2003.)

BLEICHMAR, S. Ampliar os limites da interpretação em uma clínica aberta para o real. *Revista Brasileira de Psicanálise*, v. 45, n. 1, p. 179-191, 2011.

BRUSSET, B. Psicopatologia e metapsicologia da adição bulímica. In: BRUSSET, B. et al. (orgs.). *A bulimia*. Trad. M. Seincman. São Paulo: Escuta, 2003. p. 137-172.

CARDOSO, M. Violência, domínio e transgressão. *Psychê*, São Paulo, n. 10, p. 161-171, 2002.

DELEUZE, G. *Lógica del sentido*. Trad. M. Morey. Barcelona: Paidós, 2005[1969].

FOUCAULT, M. *Vigiar e punir.* Petrópolis: Vozes, 2007[1975].

FAIMBERG, H. Jose Bleger's dialectical thinking. *Int. J. Psychoanal.*, v. 93, p. 981-992, 2012.

FREUD, S. La interpretación de los sueños. In: _____. *Obras completas 4-5.* Trad. J. L. Etcheverry. Buenos Aires: Amorrortu, 1979[1900].

_____. Tres ensayos de teoría sexual. In: _____. *Obras completas 7.* Trad. J. L. Etcheverry. Buenos Aires: Amorrortu, 1978[1905]. p. 109-222.

_____. Más allá del principio de placer. In: _____. *Obras completas 18.* Trad. J. L. Etcheverry. Buenos Aires: Amorrortu, 1984[1920]. p. 1-62.

_____. Psicología de las masas y análisis del yo. In: _____. *Obras completas 18.* Trad. J. L. Etcheverry. Buenos Aires: Amorrortu, 1984[1921]. p. 63-136.

GREEN, A. La representación de cosa entre pulsión y lenguaje. In: _____. *La metapsicología revisitada.* Trad. I. Agoff. Buenos Aires: Eudeba, 1996[1987]. p. 137-153.

_____. *Introdução ao narcisismo.* Tradução de Cláudia Berliner. São Paulo: Escuta, 2001.

_____. Introducción al pensamiento clínico. In: _____. *El pensamiento clínico.* Trad. C. E. Consigli. Buenos Aires: Amorrortu, 2010[2002a]. p. 11-34.

_____. Sobre la discriminación y la indiscriminación afecto-representación. In: _____. *El pensamiento clínico.* Trad. C. E. Consigli. Buenos Aires: Amorrortu, 2010[2002b]. p. 179-241.

GREENBERG, J. Commentary on Jose Bleger's Theory and practice in psychoanalysis: psychoanalytic praxis. *Int. J. Psychoanal.*, v. 93, p. 1005-1016, 2012.

HOBSBAWM, E. *Era dos extremos*: o breve século XX. Trad. M. Santarrita. São Paulo: Companhia das Letras, 1995.

MARUCCO, N. O pensamento clínico contemporâneo: revisitando a técnica. *Rev. Bras. Psic.*, v. 47, n. 2, p. 67-72, 2013.

MCDOUGALL, J. *Em defesa de certa anormalidade*. Trad. C. E. Reis. Porto Alegre: Artmed, 1983[1978].

MORIN, E. *Introdução ao pensamento complexo*. Porto Alegre: Editora Sulina, 2011[1990].

RELATOS selvagens. Direção: Damián Szifron. Produção: Pedro Almodóvar; Axel Kuschevatzky. Intérpretes: Rita Cortese; Ricardo Darín; Nanci Dupláa; Dario Grandinetti e outros. Roteiro: Damián Szifron. Buenos Aires: Warner Bros., 2014. (122 min.)

REVISTA BRASILEIRA DE PSICANÁLISE. A escuta em questão: os grupos de trabalho, v. 44, n. 3, 2010.

_____. *Passagens I*. Federação Brasileira de Psicanálise, v. 46, n. 2, 2012a.

_____. *Passagens II*. Federação Brasileira de Psicanálise, v. 46, n. 3, 2012b.

ROUSSILLON, R. *Logiques et archéologiques du cadre psychanalytique*. Paris: PUF, 2012[1995].

_____. *Agonie, clivage et symbolisation*. Paris: PUF, 1999.

_____. *Agonie, clivage et symbolisation*. 2. ed. Paris: PUF, 2012.

SANDLER, J. Reflections on some relations between psychoanalytic concepts and psychoanalytic practice. *The International Journal of Psychoanalysis*, v. 64, p. 35-45, 1983.

SCHKOLNIK, F. El trabajo de simbolización: un puente entre la práctica psicoanalítica y la metapsicología. *Revista Uruguaya de Psicoanálisis*, v. 104, p. 23-39, 2007.

TANIS, B. Tempo e história na clínica psicanalítica. *Calibán*, v. 11, n. 1, p. 73-92, 2013.

_____. Permanências e mudanças no lugar do analista: desafios éticos. *Jornal de Psicanálise*, v. 47, p. 86, p. 181-192, 2014.

2. A clínica de René Roussillon: um trabalho psicanalítico sob medida

Eliana Rache

Este trabalho procura retratar diferentes facetas da obra de René Roussillon, algumas talvez menos conhecidas. Os tópicos seguiram uma linha condutora que teve início em temas abordados com simplicidade, seguidos de outros de conteúdo denso, provando o que René Roussillon comenta sobre si próprio: não fica satisfeito apenas em encontrar inteligibilidade para uma sequência clínica específica, que, segundo ele, implicaria o risco de transformar seja a prática, seja a teoria psicanalítica numa somatória de enunciados pontuais, mas procura sua inserção dentro de uma coerência metapsicológica que lhe permita representar o processo de um tratamento por meio das lógicas que o percorrem e organizam.

No primeiro item, "Conversas psicanalíticas", é destacado como René Roussillon, num estilo bastante winnicottiano do *squiggle game*, trata seus pacientes se valendo de adaptações do dispositivo analisante para corroborar ao que ele reputa de invariante em qualquer tratamento analítico: o "trabalho analítico" e a "disposição interna do analista". O segundo tema, "A clínica da associatividade", diz respeito ao que René Roussillon vê como fundamental no trabalho psicanalítico: a modificação dos sistemas de regulação da associatividade, das verbais, das não verbais. Maior atenção é dedicada ao tema das associações não verbais, sobretudo no que tange às peculiaridades do aparelho psíquico funcionando por meio das linguagens não verbais. No terceiro tópico, "A complexidade do simples", é apresentada a fundamentação metapsicológica que Roussillon usa para apoiar sua conceituação teórico-clínica. A prioridade é dada para o conceito de transicionalidade que René Roussillon introduz dentro da trama das coordenadas metapsicológicas econômica, dinâmica e tópica. Com essa nova categoria em ação sobre o psiquismo, são oferecidas condições de mutação, de passagem e suspensão momentâneas de suas categorias estruturais e de seus efeitos para acolher a apropriação subjetiva. O lugar concedido à transicionalidade garante a posição revolucionária que Winnicott introduziu dentro da teoria psicanalítica e que Roussillon ampliou por meio de sua aplicação, seja no terreno metapsicológico, seja na vivacidade da clínica. O quarto tema, "É a virada de 1920... trazendo novos aportes", caracteriza-se por trazer conceitos que são meticulosamente trabalhados por René Roussillon a partir de 1920, "Além do princípio do prazer", e que vão servir de base para a compreensão de sua clínica do trauma e para a caracterização de seus pacientes limite, os de sofrimento "narcísico-identitário". Sem dúvida, é o terreno em que Roussillon se faz mais conhecido e, por isso mesmo, não poderia deixar de ser considerado. O último tópico, "Nas águas da clínica de René Roussillon", trata de uma sequência clínica que se presta, apenas, a mostrar como os conceitos de Roussillon podem ser trabalhados.

Conversas psicanalíticas

A psicanálise tem se desenvolvido e ampliado seus horizontes, pensando os diferentes contextos atuais ao mesmo tempo que pensa sua própria diversidade. Se antes os processos psíquicos foram considerados singulares e únicos, atualmente são vistos em sua pluralidade. Não podemos mais pensar hoje em apenas um processo de clivagem, e sim em formas diferentes de clivagens, só para citar um exemplo que encabeçaria uma longa lista de processos psíquicos plurais.

Essa multiplicidade encontrada na teoria é também arrastada para sua práxis, para seu dispositivo analisante, aquele que, originalmente caracterizado pelo dispositivo divã-poltrona, representava o selo de autenticidade da prática da psicanálise. Outros dispositivos analisantes que não seguissem esse modelo eram considerados apenas psicoterapias, formas desvalorizadas, subprodutos da psicanálise.

Num pensamento da diversidade, o cenário aponta para outra direção. Antes, era a psicanálise que dizia se o paciente era analisável ou não; agora, são as necessidades dos pacientes que os dirigem para esta ou aquela terapia.

Ao fazer essas reflexões, René Roussillon nos brinda com dois conceitos inter-relacionados que possibilitam otimizar nosso campo de trabalho: o de "trabalho analítico" e o de "disposição interna" do analista para escuta e trabalho.

A noção de "trabalho analítico" abre a possibilidade de pensar qual dispositivo seria melhor para a análise desse sujeito em sua singularidade. O que acarreta, também, supormos a ocorrência de uma inflexão paradigmática da própria definição de análise, que, não mais sendo tributária de um dispositivo particular, pode ser passível de se autoavaliar de acordo com determinado tipo de trabalho psíquico. A situação que deu origem à psicanálise apoiada no dispositivo divã-poltrona, conhecida como tratamento *standard*, perde seu sentido de exclusividade para a psicanálise, passando a ser apenas uma modalidade entre outras.

René Roussillon comenta que não importa o dispositivo no qual ele trabalhe – análise *standard* divã-poltrona, três vezes por semana, cara a cara ou lado a lado, uma sessão ou mais –, o que ele procura é estar em uma mesma "disposição interna de escuta". Diz ele:

> *Procuro localizar, por meio do que se desenvolve no tratamento, um processo de simbolização em curso no centro da qual tento encaminhar o desencadeamento da transferência para ser acolhida e desenvolvida. Intervenho da maneira que me parece mais eficaz para otimizar a simbolização num determinado momento, favorecendo a apropriação subjetiva do analisando de pedaços de sua vida psíquica, as quais ele já teria aceitado trabalhar no encontro analítico. É esta "disposição interna" que me parece caracterizar, de maneira mais certeira, o "trabalho psíquico", e não tal ou qual aspecto do dispositivo que se torna absolutamente secundário e não representa referência para mim. Essa concepção implica a ideia de que o tratamento é o lugar do compromisso de experiências subjetivas, de seu desenrolar, da perlaboração transferida ao encontro analítico, cujas elaboração e metabolização seguem, sessão a sessão, um caminho específico, próprio a cada um. Desse ponto de vista centrado sobre o processo psíquico, nenhum conteúdo psíquico é privilegiado nem excluído a priori, do mesmo modo que nenhum tipo de intervenção é previamente nem prescrita, nem interditada. É o desenvolvimento do processo associativo com seus meandros e o estado de transferência que regulam sua função no curso da sessão fornecendo a medida de cada coisa, e não uma teoria com função prescri-*

tiva antecipatória determinando o que deve ser uma análise (ROUSSILLON, 2005, p. 2-3, tradução nossa).

E, sem dúvida, é quando Roussillon diz se sentir profundamente freudiano: ao seguir sua indicação de fazer uma adaptação "sob medida" às necessidades do desenvolvimento da análise. Nos informa ainda: "Essa preocupação de adaptação na qual procuro me colocar segundo minhas variações contratransferenciais me levou a trabalhar de maneira bastante diferente em cada tratamento, em cada processo, e nem por isso me senti menos psicanalista" (ROUSSILLON, 2005, p. 3, tradução nossa).

Roussillon enfatiza que, à medida que essa disposição de espírito interna ganha esse lugar de invariância em sua prática, facilita sua adaptação para poder funcionar "sob medida". Assim, é nesta "disposição interna", implícita na questão da invariância mais do que em qualquer dispositivo particular do trabalho analítico, que se encontram as possibilidades de facilitar e otimizar a capacidade de simbolização e de apropriação subjetiva do analisando.

Adverte que, uma vez existente essa "disposição interna", ela deverá se apoiar em um dispositivo analisante para se encarnar, se fazer representar, pois o trabalho analítico requer também um enquadre para simbolizar "em coisa", "em ato", simbolizá-lo para o paciente e para o analista. Roussillon conclui que sua identidade de analista se sente mais bem representada quando põe a análise para trabalhar em sua pluralidade de facetas. A "livre adaptação" à análise por parte do analista, o "estilo analítico", lhe parece ser a condição *sine qua non* para que sua criatividade possa se amalgamar à prática analítica.

Não aleatoriamente, escolhi começar a pensar a clínica de Roussillon por essas suas posições pessoais, que denotam sua liberdade de pensamento e podem nos instigar a querer desvendá-las.

A um leitor mais desavisado de sua obra, essas colocações poderiam soar como ingênuas palavras ao vento. Mas, num estilo cuja sutil leveza poderia evocar Winnicott, René Roussillon nos convoca para uma viagem aos recônditos do Ser. E não é sem mais, pois Winnicott representa para ele fonte de inspiração criativa além de toda a obra de Freud. Poder chegar a tais conclusões carregadas de complexidade e poder transmiti-las de maneira tão simples requer trabalho, talento e seriedade.

A clínica da associatividade

Para começar a pesquisar sua clínica, fiz uma incursão no trabalho baseado na associatividade, tanto do paciente quanto do analista. Isso porque, para René Roussillon, o horizonte do trabalho psíquico reside na modificação dos sistemas de regulação da associatividade. Se as pessoas procuram análise por causa de determinados sofrimentos, que se manifestam de maneira psicopatológica, estamos diante de sistemas de regulação marcados por defesas excessivas organizadas contra certos conteúdos psicoafetivos. O psiquismo não pode evitar seus próprios sistemas de regulação, já que da natureza destes dependem seus estados internos. Portanto, o desafio fundamental do trabalho analítico passa a ser ajudar na evolução dos sistemas de regulação da psique e permitir que seu desenvolvimento seja baseado numa regulação regida pela simbolização e pela reflexividade.[1]

---

1   Roussillon prefere usar a noção de reflexividade, que lhe parece delimitar de forma mais precisa os desafios do trabalho analítico, no lugar da clássica ideia de "tomada de consciência". Uma parte do trabalho psicanalítico e de seus efeitos se desenvolve por fora de uma clara consciência desses processos. O trabalho psicanalítico não pode ser concebido independentemente do aumento da reflexividade do sujeito, pois é ele que lhe permite melhor "se entender", "se ver" e "se sentir".

Retornando às origens da psicanálise e de seus fundamentos, confrontamo-nos com a questão da associatividade e da transferência a ela acoplada. Quem não conhece a regra básica fundamental da associação livre? Com certeza, com ela já depararam ao deitar no divã do psicanalista. Ou mesmo o método da livre associação, tão caro ao trabalho da psicanálise? Cabe uma primeira observação no que tange à importância do lugar da regra de livre associação: se ela tem a força de enunciar uma regra, é porque se assenta numa concepção de que o próprio funcionamento da psique é associativo. E se Freud, que acreditou que suas associações fossem livres, logo percebeu que eram pressionadas pela existência de "complexos associativos" inconscientes que regulavam seu curso dentro de uma coerência interna e que regiam seu fluxo associativo, resta ao analista poder se dedicar apenas a sua escuta. E é essa figura da escuta, a escuta associativa do analista, que vai tornando-se bem mais fundamental do que a regra de livre associação do paciente, apesar desta última continuar tendo importância enquanto um facilitador do próprio método. O analista irá escutar as associações do paciente baseado na ideia de que elas são coerentes ao apresentar uma ligação clara e consciente entre seus elementos. Quando a ligação entre as associações não é manifesta, não é consciente, o analista é convocado a fazer hipóteses que digam respeito à ligação inconsciente, tentando reconstruí-la, assim, como a lógica que anima a cadeia associativa. A postura do analista em estado de atenção livremente flutuante implica não esperar nada de específico ao escutar o analisando durante a sessão, o que leva, por sua vez, o analista a associar livremente sobre as associações e rupturas do analisando. A situação psicanalítica é uma situação de associatividade a dois, de uma coassociatividade. Entretanto, a associatividade do analista supõe uma forma de pressão dupla implícita: por um lado, ele associa em duplo, identificando-se com o analisando e podendo perceber como ele trabalha; por outro, ele fica a distância do analisando para seguir o direcionamento de sua corrente associativa, isto é, em que lugar se manifestam as singularidades de sua vida inconsciente. Teoricamente, a análise pessoal do analista lhe concede uma liberdade associativa que lhe permite seguir as rupturas associativas de seu paciente à medida que não consegue mais segui-lo em duplo. Para ser bastante simples e ir direto ao ponto, é nesse momento que são trabalhadas as interpretações/construções oferecidas ao paciente. Nessa corrente de trabalho, Roussillon propõe um conceito seminal: o de *générativité associative*,[2] provocada pela intervenção do analista nas associações que nesse momento se põem em marcha no analisando. Por meio da ativação desse novo movimento associativo, podemos ter uma avaliação do funcionamento do trabalho psicanalítico referido à associatividade, seu fundamento e sua razão de ser.

Entretanto, essa descrição poderia se referir ao melhor dos mundos conhecidos. E o que Roussillon quer é nos encaminhar às situações que vão pelos descaminhos da associação livre verbal, aquelas que se apresentam sob forma de associações livres não verbais. É nesse âmbito que ele encontra solo para construir sua reflexão e inflexão na teoria, a fim de fazê-la trabalhar nessas situações que fogem do padrão *standard*.

Roussillon começa seu pensamento levantando a questão sobre uma tendência muito frequente de identificar a linguagem à linguagem verbal, fato que, sem dúvida alguma, fortaleceu a atitude clássica de considerar associações livres somente aquelas de tipo verbal. Mas sabemos que existem tipos de linguagens pré-verbais e não verbais que datam do período inicial do desenvolvimento da criança, antes de ela poder fazer uso da fala para se comunicar. São

---

2 Foi mantido o termo em francês, pois a tradução implicaria em perda do significado de gerar, criar.

linguagens do afeto, do ato ou linguagens mimo-gesto-posturais. Ao se instalar a linguagem verbal, assistimos progressivamente à transferência de formas de simbolização não verbais para o aparelho de linguagem: nas palavras para nomear sentimentos e emoções; na ligação de experiências com palavras, mas, também, entre as palavras; na estrutura pragmática dos enunciados; na prosódia da linguagem; no estilo e na retórica de sua utilização. Por essa razão, a linguagem verbal não pode se reduzir apenas à representação de palavras; na verdade, é todo o aparelho de linguagem que vai ser mobilizado, e as representações de palavras vão se restringir somente a uma parte final de um processo que teve início muito antes. Os gestos, a postura, a ação, contidos no registro de representações-coisa, de representações de ações, vão se transferir para o aparelho de linguagem, atribuindo a este o valor de uma ação, de uma postura, de um gesto por meio da linguagem verbal. Entretanto, a transferência de representações-coisa para o aparelho de linguagem não se faz de uma só vez e nem mesmo completamente. Na criança, alguns aspectos se colocam mais rapidamente que outros; por outro lado, alguns aspectos mais sutis que necessitam efeitos de estilo só serão postos em marcha durante a adolescência.

Se a transferência de representações-coisa e representações de ação for um processo suficientemente caracterizado pelo êxito, a retomada pelo aparelho de linguagem vai modificar as primeiras formas de expressividade. Vai ocorrer uma retroação da simbolização secundária sobre as formas de simbolização primária. A ligação e a articulação entre os três níveis de linguagem – o do afeto, o que se apoia sobre as representações-coisa e aquele que utiliza o aparelho de linguagem – modificam cada um dos níveis implicados. A linguagem estabelecida sobre as representações-coisa é modificada pela articulação com a linguagem verbal, mas também o afeto, ao ser verbalizado e representado no aparelho de linguagem, não é mais o mesmo que aquele que ficou excluído do aparelho de linguagem e, portanto, ficou inarticulável. A ligação do afeto com as representações-coisa modifica tanto um quanto outro. A própria palavra verbal é modificada pela sua ligação com o afeto e com as representações-coisa subjacentes a seu enunciado. É assim que se forma a matriz de expressividade verdadeira do sujeito: pelos três modos de comunicação e de representação da vida pulsional e de sua articulação. É um engano confundirmos simbolização em geral com a simbolização ligada à linguagem verbal, como também tomarmos por simbolização apenas a simbolização secundária. De posse desses conhecimentos, Roussillon identifica essas linguagens não verbais durante a sessão. Apoiado em textos de Freud,[3] percebe que tais expressões não verbais não foram enlaçadas pelo processo de subjetivação do eu, datam de tempos precoces do desenvolvimento e se apresentam agora ao sujeito compelidas pelo automatismo mental do princípio de repetição. São experiências arcaicas da ordem do traumático, clivadas pelo eu, que não puderam ser integradas em seu processo de subjetivação devido à fraqueza de síntese. O analista terá de ir ao encalço do núcleo de verdade histórica contida na apresentação de tais experiências que ficaram detidas no tempo, na "linguagem daquela época", para, por meio de reconstruções, poder reintegrá-las e permitir que o analisando se aproprie de vastos períodos perdidos de sua vida.[4] Então, são essas linguagens – do ato, mimo-gesto-postural, do afeto, do corpo – que vão poder ser captadas pelo analista ao se apresentarem sob forma de associações livres não verbais. Estas

---

3 Para articular o seu pensamento sobre esse tema, Roussillon apoia-se, sobretudo, em dois textos de Freud: "Construções em análise" (1937) e "Pequenas notas de seu exílio em Londres" (1939).

4 Estou empregando determinados conceitos usados por Roussillon, apesar de não estar me detendo sobre eles, para não interromper a continuidade da leitura. Entretanto, mais adiante, pretendo me ocupar de sua articulação e criação, construída rigorosamente sobre o texto freudiano.

podem aparecer em determinado momento da análise de pacientes neuróticos, mas vão caracterizar o funcionamento de pacientes desafetivizados, os que têm algum problema identitário e ainda em grande estilo aqueles pacientes que René Roussillon vem denominando de "narcísicos identitários". Não é por acaso que é recomendável colocar esses pacientes numa posição cara a cara ou lado a lado para que a análise possa se desenvolver, o que será mostrado pelos argumentos a seguir. Em geral, pensava-se que colocar o paciente cara a cara poderia ajudá-lo a não se desorganizar, situação que, vivida no divã, produzia uma inundação de fantasias capaz de provocar disrupção do trem associativo. Era a forma de, ao reintroduzir a percepção na posição cara a cara, oferecer proteção ao analisando contra essa nefasta turbulência durante o trabalho analítico. René Roussillon acredita que, pelo fato de o paciente estar sentado diante do analista e assim ser facilitado o diálogo corporal mimo-gesto-postural, abrem-se os canais para as experiências subjetivas que precederam o estabelecimento da linguagem verbal. A percepção visual, em geral considerada ineficiente como ferramenta terapêutica, pela possibilidade de controle que poderia estar oferecendo, ganha uma outra compreensão com Roussillon: passa a ser entendida como via de passagem de mensagens a serviço do endereçamento transferencial. Uma vez tendo sido arranjada esta "extensão" do dispositivo analisante, Roussillon se permite utilizar um *modus operandi* para resgatar e dar sentido às linguagens corporais que não tinham sido transferidas ao aparelho verbal. Ele chama esse trabalho de "conversas psicanalíticas",[5] pois cada um dos participantes tem sua vez de falar, embora alternando-se a participação de cada um. O analisando fala muito mais que o analista, o qual se ocupa em fazer intervenções. Mesmo que estas não

---

5 O termo "conversa" não foi só usado por Freud: também corresponde a um título de livro de Winnicott (1988).

se apresentem formalmente sob forma de interpretação, continuam com valor interpretativo, pois levam em conta a situação transferencial. René Roussillon conta-nos que estas "conversas analíticas" tiveram sua origem no intuito de fazerem funcionar associações que se apresentavam ineficientes. Essas associações se expressavam de tal modo que pareciam produzir uma desorganização progressiva do discurso, fazendo com que a palavra girasse em falso, levando o analisando a se calar, se desinteressar pela relação analítica, o que dava a Roussillon a impressão de uma palavra autista. Parecia que a palavra era dirigida ao analista, mas, ao não encontrar sua resposta, se curvava sobre si mesma, e o endereçamento ao analista calava-se. Esse tipo de relação poderia estar contido dentro de uma conjuntura histórica na qual não houvera ninguém que respondesse, talvez que pudesse ter respondido potencialmente, mas que de fato teria estado psiquicamente ausente. Daí ser tão importante testemunhar que a mensagem contida na rede associativa foi captada e que produziu no analista um movimento de metabolização.

No sentido de abreviar razões, Roussillon explica que se "a espera" do analista para fazer alguma intervenção não cumprir com o objetivo de otimizar o material associativo, não significa que a "construção" terá mais chance nessa empreitada. Ocorre-lhe começar a "quebrar" esse modo de associação rompendo com a atitude psicanalítica habitual. Inicialmente, formula algumas perguntas diretas ao analisando para tentar abrir o círculo fechado das associações, ao tentar atrair sua atenção sobre a presença de um outro sujeito pensante que estaria podendo pensar sobre o que ele tinha acabado de dizer. Roussillon diz que tinha a impressão de que ele os incomodava com as perguntas, mas persistia tentando explorar o contexto de situações históricas evocadas, cujas particularidades referidas a outros protagonistas tornavam-se importantes para abertura do trabalho. Não há regras preestabelecidas do tempo de duração para as "conversas psicanalíticas" terem lugar em um tratamento: uma única sessão, semanas de trabalho na busca de uma perlaboração especial, meses a fio e até mesmo quando o trabalho tiver se encaminhado para um tratamento de tipo *standard*. Do ponto de vista de elaboração, o analisando utiliza a associação como uma função de ramificação: a sessão é o momento no qual ele reúne diferentes momentos de sua vida psíquica para transformá-la em um fragmento de sua atividade inconsciente. Isto feito, dirige-a ao analista, que, por sua vez, deverá contribuir ao trabalho de ligação libidinal em curso, promovendo, com sua intervenção, um efeito de coexcitação necessária à ligação psíquica. Esse trabalho do funcionamento mental de "reunir" aponta para o trabalho de síntese do eu, que, segundo Roussillon, apesar de ser considerado o primo pobre da elaboração metapsicológica, é essencial para o funcionamento da atividade simbólica. O trabalho de simbolização apresenta-se, então, conduzido por uma forma de "respiração" associativa composta tanto por elementos representativos, que deverão ser desligados para serem introduzidos em uma nova combinação – o tempo analítico –, como, ao contrário, por elementos esparsos para serem reunidos em um novo contexto representativo – o tempo de construção ou de síntese. Tanto o tempo analítico como o tempo de síntese fazem parte do funcionamento do processo da psique em geral. O analista apenas será o maestro regendo a entrada ou saída de um tempo ou outro.

Esse estilo de "conversa" concebido como uma forma de *squiggle game*, segundo Roussillon, representa a alternância do trabalho de "transformação" do sentido de uma sequência psíquica. Enfatiza que a forma e o sentido não são inerentes aos próprios conteúdos psíquicos, mas resultam de um certo tipo de trabalho de colocação de sentido e de interpretação tanto para o analisando como para o analista. Logo ao ser reconhecido esse dado, a questão se abre para o que determina a escolha desta ou daquela interpretação. É aí que o espaço do jogo ganha seu sentido dentro da sessão analítica, ao tornar-se espaço potencial para a abertura de sentido e do que determina sua forma.

A complexidade do simples

O trabalho clínico acima exposto, baseado nas associações tanto verbais quanto não verbais, ainda poderia fazer parte de um tipo de clínica aparentemente fácil. Se Platão fosse nosso interlocutor, nos recomendaria não nos iludirmos com as aparências e nos encaminharia aos árduos caminhos da dialética para chegarmos às essências. René Roussillon segue Platão, pois, apesar de mestre em sua clínica viva e inovadora, não fica satisfeito apenas em encontrar inteligibilidade para uma sequência clínica específica que, segundo ele, implicaria o risco de transformar quer a prática, quer a teoria psicanalítica numa somatória de enunciados pontuais. Vai em busca de sua inserção dentro de uma coerência metapsicológica que lhe permita poder representar o processo de um tratamento através das lógicas que o percorrem e o organizam. Roussillon nos introduz a uma reflexão que faz sobre a necessidade de mantermos uma noção bem fundamentada sobre o conceito de metapsicologia do processo – o que, para ele, é a base do núcleo teórico comum da teoria psicanalítica. Esse fundo identitário comum representa uma necessidade teórica e institucional que está para além das diversidades existentes dentro dos seguidores de Freud e que, por isso mesmo, pode permitir e garantir que as diversidades sejam fecundas e não caóticas. Esse fundo teórico deve obedecer a um certo número de exigências coerentes com as imposições fundamentais da prática. Portanto, a metapsicologia do processo aborda o conjunto de questões da vida psíquica enquanto desprovidas de preconcepção do mundo ou do homem, desprovida de teorias preestabelecidas, desprovida de uma "moral" da história. Para trabalhá-las, o aparelho psíquico é visto como um aparelho de trabalho, de classificação, de categorização, de memorização, um conjunto de processos de transformação de dados, informações, energias advindas tanto de dentro como de fora, do atual e do passado. É o aparelho psíquico que irá processar esses dados. Freud nunca deixou de enfatizar que a característica principal da metapsicologia era poder descrever entrecruzando os pontos econômico, tópico e dinâmico. Nessa tripla perspectiva da simultaneidade de três abordagens defasadas umas das outras, não superpostas, é que o fato psíquico recebe o estatuto metapsicológico verdadeiro. De acordo com esta perspectiva, é descrito um campo de trabalho em tensão permanente, multipolarizado, produzindo uma malha teórica que se destina a conter o trabalho psíquico sem lhe apontar um destino nem promover uma fixação. Por essa razão, Roussillon conclui:

> *A metapsicologia se caracteriza, sobretudo, pelo fato de ser um processo de teorização que reinterroga,* grosso modo, *seus próprios fundamentos, ou melhor, que, ao permitir que a vida psíquica seja tomada concretamente na clínica do cotidiano, lhe permite poder reinterrogar seus fundamentos e seus dogmas (ROUSSILLON, 1995, p. 1352, tradução nossa).*

Além das abordagens metapsicológicas já conhecidas, Roussillon lança mão de mais uma categoria: a noção de transicionalidade descrita por Winnicott. Ele a desloca de sua conceituação original, ligada ao objeto transicional e ao fenômeno transicional, para ampliá-la como mais um item pertencente à tríade da metapsicologia freudiana. Seu pedido de inscrição do transicional dentro da metapsicologia vem demonstrar a necessidade de lhe assegurar o certificado de garantia de seriedade de uso como recurso da psicanálise. Ao mesmo tempo, permite considerar a vida psíquica como não sendo mais regida pela lógica binária, e sim pelo paradoxo que a caracteriza. "O transicional é o processo da metapsicologia dos processos que pode suspender as categorias" (ROUSSILLON, 1995, p. 1390, tradução nossa). Surge da necessidade de dispor, no seio da metapsicologia, de um conceito suscetível de permitir pensar as transferências e as mutações inter e intrassistêmicas, isto é, de pensar o trabalho psíquico como trabalho de integração criativa – de transformação, e não apenas de duplicação.

Em outros termos, se a metapsicologia procura descrever o estado de forças presentes no aparelho psíquico-ponto de vista econômico, sua combinação-ponto de vista dinâmico e sua localização diferencial-ponto de vista tópico, ela também precisa poder dar conta dos processos de mutação e de passagem, a suspensão momentânea de suas categorias estruturais e de seus efeitos no que diz respeito à apropriação subjetiva da realidade psíquica. Na verdade, a ampliação do conceito do transicional introduzido por Winnicott vai se estender, provocando uma mudança paradigmática no trabalho analítico ao oferecer condições para a apropriação subjetiva se exercer sobre o fundo inconsciente da vida psíquica. Nesse sentido, o trabalho analítico não se dá mais sobre um terreno no qual se escavava para encontrar uma verdade escondida, mascarada ou recalcada, mas aponta para uma compreensão do mundo psíquico o mais próxima da vida psíquica, no que ela tem de vivo, de vida, de criatividade. Do ponto de vista da epistemologia atual, o vivo é concebido dentro de sua própria vida, o que significa localizar-nos dentro do pensamento paradoxal. Assim, Winnicott nos introduz o Ser dentro da psicanálise às voltas com as questões de sua identidade, seus paradoxos, uma identidade viva, não idêntica a si mesmo. A noção de vivo se caracteriza pelo potencial de relação com o não conhecido de si, com o não advindo de si e com o imprevisto do advir. É o que torna fascinante essa psique enquanto portadora de vida ao emergir dos processos transicionais sem nenhuma predeterminação, apenas seguindo as simbolizações de seu movimento que, ao caminhar, escreve o caminho.

Ocupei-me mais detidamente da noção do transicional por considerar seu lugar revolucionário dentro da teoria psicanalítica ao possibilitar solo fértil para a mudança paradigmática da apropriação mutativa ter lugar. Nesse aspecto, sigo a apreciação de Roussillon como também sua avaliação do estilo de Winnicott feito por meio de sua escrita, em que a transicionalidade se manifesta "em ato". Nela, Winnicott supera a habitual dissociação sujeito e objeto presente nas reflexões metapsicológicas correntes sobre a psique humana, as quais são obrigadas a manter uma distância "científica" de seu objeto de análise. Se a Winnicott é atribuído esse "corte invisível epistemológico", segundo J. L. Donnet (apud ROUSSILLON, 2000, p. 56), no qual a subjetividade pode ter lugar, sem dúvida devemos a Roussillon torná-la visível, seja ao fazê-la funcionar na clínica, seja incorporando-a ao *corpus* metápsicológico da psicanálise.

À noção do transicional, Roussillon acrescenta mais dois elementos que ele considera presentes nesse trabalho de apropriação subjetiva: o reflexivo e o sexual. Vou me referir a aspectos muitos pontuais desses conceitos, pois detalhá-los fugiria ao escopo deste trabalho.[6] A reflexividade será considerada a partir de um corte da clínica para efeito de demonstração de sua funcionalidade. Primeiramente, o sujeito tem de poder sentir-se, autoafetar-se, pelas pulsões e pelos afetos que o percorrem. Esse é o tempo dos primeiros processos presentes na introjeção pulsional, na experiência

---

6   Para maior aprofundamento, consultar, de Roussillon, *Le transitionnel, le sexuel et la réflexivité* (2008).

subjetiva e na função "espelho" do primeiro objeto. A capacidade de se sentir transicionaliza a vida pulsional e afetiva e se apoia em transformar as sensações em mensagens simbólicas. Em seguida, ele tem que poder ver-se a si mesmo, ser capaz de estar lá onde ele está, centrado, e depois considerar-se do ponto de vista do outro, a distância e tomando a ligação, a forma que o liga e que o separa do outro. O "estádio do espelho", imortalizado por diferentes autores, entre eles Winnicott (1975), Lacan (1998[1949]), Sami-Ali (1974), oferece uma forma manifesta desta atitude. Enfim, ele (o sujeito) terá de ser capaz de "ouvir" e refletir, pelo aparelho de linguagem verbal, o jogo das transferências intrassistêmicas que o percorrem e de retomar, de uma maneira ou de outra, nesse aparelho verbal, as formas precedentes do reflexivo. Podemos extrair o corolário dessas atitudes reflexivas que estão estreitamente dependentes da história e da maneira pela qual o sujeito foi sentido, visto e ouvido por objetos significativos de sua história, que foram determinantes para sua própria organização subjetiva. Ter sido bem "sentido", visto e ouvido facilita a capacidade de refletir; ter sido mal "sentido", visto e ouvido tendem ao inverso, a entravar as capacidades reflexivas ou a negativá-las: o sujeito, então, se sente mal, em toda a polissemia do termo, ou se vê mal, ou, ainda, se ouve mal e gera mal-entendidos.

O outro elemento, o sexual, vai estar sempre presente nas ligações do sujeito com seus objetos de investimento e suas ligações intrapsíquicas. A ligação psíquica contempla uma forma de investimento, uma troca e uma partilha do investimento. Para nos sentirmos bem, é necessário ter prazer em se sentir; será necessário ter encontrado outro sujeito com quem partilhar esse prazer que se sente. Esses requisitos vão estar presentes em experiências concretas de encontro e troca. Todos esses fios vão ser tecidos no prazer da partilha do afeto com objetos significativos, em movimentos e atitudes internas e até mesmo em experiências de desprazer.

Munido dessas três balizas, o transicional, o reflexivo e o sexual, Roussillon está pronto para deixar a apropriação subjetiva se impor. O modelo do jogo, nessa perspectiva, atravessa-as de modo harmonioso. O jogo transforma o sexual em formas transicionais que estabelecem o desenvolvimento do reflexivo.

É a virada de 1920... trazendo novos aportes

A frase "*Wo Es war, soll Ich werden*", anunciada por Freud em 1932, torna-se a frase emblemática e de sustentação para o trabalho analítico de Roussillon: a apropriação subjetiva que diz respeito ao trabalho de subjetivação e se baseia em transformar o *ES* em *ICH* e o *ID* em *EU*-sujeito. Entretanto, como existem formas de apropriação subjetivas que ficaram detidas nas malhas de ligações não simbólicas, é necessário resgatá-las por meio do trabalho de simbolização subjetivante para que a apropriação subjetiva possa ter lugar. A simbolização impõe-se, então, como a via real por meio da qual a reflexividade psíquica pode se desenvolver e escorar o trabalho da apropriação subjetiva. Para que esse trabalho pudesse fertilizar, foi necessário um cenário trazido pelas novas inflexões da metapsicologia de 1920 e pela introdução de um novo princípio de funcionamento psíquico, cujos efeitos foram se decantando por mais de uma década, culminando nos últimos e inovadores trabalhos de Freud de 1937, "Construções em análise", e 1938, "A divisão do ego no processo de defesa". Certamente, as consequências desse movimento não só não foram aproveitadas na época de Freud como continuam presentes, segundo Roussillon, no âmago dos interesses atuais, como é o caso do traumatismo, do negativo, do perceptivo alucinatório e da feminilidade primária.

Vou procurar trazer alguns itens fundamentais levantados pela virada de 1920 e suas articulações elaboradas por René Roussillon para compreensão da movimentação clínica-teórica das novas configurações metapsicologias. Cada um dos elementos aqui tratados mereceria um trabalho exclusivo para dar conta de sua profundidade, o que fugiria ao escopo dessa proposta. Portanto, ao par recalcado/retorno representativo do recalcado, cuja consequência é o hiato intrapsíquico criado, vem se dialetizar o par clivagem do eu/retorno preceptivo-alucinatório (ou de ação) de experiências traumáticas não simbolizadas: retorno do clivado. À satisfação alucinatória de representação de desejos vem se contrapor a alucinação daquilo que não conseguiu se representar, logo, do não subjetivado. Existem as experiências históricas inesquecíveis, não ligadas, "não recalcáveis", diante das quais o eu teve que se cortar, se clivar para não sucumbir à ameaça constante de sua volta por meio de uma invasão alucinatória. De que maneira a alucinação perceptiva portadora de traços de verdades históricas não representadas poderia atravessar o aparelho psíquico, se misturar à percepção atual, se impor à consciência sem possuir o estatuto de representação psíquica? Ao tentar responder a essa questão, como a tantas outras, nosso ponto de partida pode ser qualquer item do arranjo teórico-clínico em virtude de sua complexidade. Escolhi o conceito do inconsciente para começar a montar o novo quebra-cabeça metapsicológico. O inconsciente ou o que era reprimido, segundo Roussillon (2001), antes de 1920, era considerado como um desejo ao qual correspondia uma representação inconsciente. Depois de 1920, a noção de inconsciente emergiu constituída por material não simbolizado, ou seja, não ligado pelo princípio do prazer. Essas mudanças na teoria psicanalítica levaram Freud a definir melhor o inconsciente, ao introduzir a noção de id em 1923: o inconsciente, então, remodelado no id, passa a conter tanto material simbolizado quanto não simbolizado. Esse material não simbolizado não obedece às leis do deslocamento, condensação, ligação, e representação, mas sim à exigência do princípio da repetição. Uma consequência na prática terapêutica de "Além do princípio do prazer" (FREUD, 1920) e da conceituação de um inconsciente não ligado – não representado – é que o objetivo do processo analítico muda, já que não pode ficar restrito apenas ao conteúdo representado. Torna-se necessária a criação de condições para que possam ocorrer processos de ligação e de simbolização diante do conteúdo inconsciente. Não é tanto pelo fato de a análise de conteúdo representacional não ser mais o objetivo da psicanálise; ela não é mais o único objetivo, pois a elaboração de material inconsciente não representado e seus resultados adversos na mente de analisandos, sobretudo daqueles que sofreram trauma, danos narcísicos, ou pacientes *borderline*, passam a ser a exigência de primeira ordem. Essa clínica do trauma convoca considerarmos outro conceito seminal produto das mudanças de 1920: a clivagem. Diz Freud que, na sequência da ação do trauma, "uma fenda no ego [se produz], a qual nunca se cura, mas aumenta à medida que o tempo passa" (FREUD, 1938, p. 309). A solução desse trauma não se dá pelo recalcamento, mas por meio da clivagem, que tem como característica impedir a função de síntese do ego e atestar o fracasso da função de ligação das pulsões de vida do sujeito. Como consequência, teremos simultaneamente o funcionamento de duas realidades psíquicas separadas e distintas. Uma delas mostra a realidade psíquica como fruto das experiências submetidas ao princípio do prazer/desprazer, sua intricação no jogo pulsional, sua expressão pela fantasia de desejo sob a égide do princípio da realidade. Quanto à outra, a realidade psíquica diz respeito ao que escapa ao trabalho integrativo das pulsões de vida, expressando o impacto psíquico de acontecimentos históricos ou pré-históricos (FREUD, 1937) que não puderam ser religados durante a evolução subjetiva. De um lado, a especificidade da realidade psíquica consiste na representação, de outro, sua especificidade está na alucinação perceptivo-motora de zonas traumáticas submetidas à compulsão e à repetição. Em "Moisés e o monoteísmo", Freud (1939) ressalta que o psicanalista deve ir ao encalço do "traumatismo perdido" que assombra o presente do paciente ou de uma cultura. Como encontrá-lo? Os vestígios de acontecimentos arcaicos traumáticos ficam conservados intrapsiquicamente por meio de traços de memória.[7] Freud considerou três tipos de traços, sendo que os dois primeiros não apresentam problemas de entendimento, pois são inscritos como traços dentro do aparelho de memória. O terceiro traço, que Roussillon chamou de "traço mnêmico perceptivo" ou perceptivo motor, é o que nos interessa, pois diz respeito ao traumático. Formalmente, esses traços não se apresentam nem como traço, nem como forma de memória, sendo captados por expressões como sensações, percepções, impulsos motores ou atos. O que lhes garante a noção de traço e de estarem inseridos no aparelho de memória é o fato de serem os índices da ativação da zona traumática do sujeito. Esta é a hipótese clínica de Roussillon, de poder, durante sua práxis, tirar partido desses sinais perceptivos motores na tentativa de resgatar as partes caladas do psiquismo. A questão que se segue é a de como são acionados alucinatoriamente esses acontecimentos assim conservados, o que nos remete ao funcionamento da compulsão à repetição e de sua energia. Ao lembrarmos do processo de repetição, o que primeiro se coloca é seu elemento de imposição agindo sobre o psiquismo e a subjetividade de forma inevitável e automática. Levanta, em seu movimento avassalador, os sinais de experiências traumáticas que nunca se apresentaram como resultado de satisfação pulsional, e sim como situações vividas nas quais não houve o trabalho de ligações psíquicas. Freud declara, em 1920, um novo princípio do funcionamento mental, o da repetição, que então

---

[7] René Roussillon faz um estudo detalhado do aparelho de memória em toda a sua obra. Para consulta, pode-se recorrer a "Métapsychologie: écoute et transitionnalité" (1995).

adquiria lugar de dominância na regulação do psiquismo. Não que o princípio do prazer/desprazer não continuasse a funcionar, mas somente num segundo movimento, quando participa das ligações psíquicas e da experiência de subjetivação. René Roussillon considera que existe um processo subjacente à compulsão à repetição que deve ser concebido como uma alucinação automática que repete automaticamente as experiências não ligadas no seio do processo representativo. A percepção é reavivada[8] como conceito, explicitando um processo que parte do soma em direção à consciência. Antes de chegar à consciência, atravessa o conjunto do aparelho psíquico, sendo transformada e organizada pelos sistemas psíquicos transpostos: o id, o eu inconsciente e o eu pré-consciente. Portanto, antes de a percepção tornar-se consciente, ela terá sido refletida e significada por meio de seu percurso intrapsíquico, contribuindo para que a forma de sua consciência seja "construída" e não "dada". Avança também a hipótese de que a repetição compulsiva atestaria a inadequação das respostas vindas do exterior e, nesse sentido, abre caminho para o externo na participação concreta do objeto no trabalho psíquico do sujeito. Roussillon enfatiza o lugar da "realidade" que o objeto vai adquirir em seu papel de interlocutor e construtor do sujeito em formação, em apropriação subjetiva. O trabalho do eu-sujeito deverá ser pensado como submetido à dupla pressão: à ameaça de sedução pela pulsão e suas exigências, além da sedução narcísica operada pelos objetos cuja fascinação os sacraliza. O objeto não é mais contingente; quase intercambiável, ele será específico, atrelado às descrições dos efeitos sobre o sujeito em suas configurações tópicas,

---

8   Freud retoma a ideia extraída de uma nota de 1919 acrescentada à "Interpretação de sonhos", segundo a qual percepção e consciência devem ser situadas nas duas extremidades do aparelho psíquico. Freud continua conservando a outra noção de percepção, aquela que se dá de forma imediata independente do sujeito.

dinâmicas, econômicas e próprias. O sujeito não é mais autoengendrado em sua bolha narcísica primária, autista em autoerotismos sem objeto. Ele não se fez por si só, nem em seu ser corporal, nem em suas particularidades psíquicas. Se esse sujeito conseguiu se recriar, foi graças a sua capacidade de simbolização, através de longo caminho semeado de ciladas da história do outro, dos outros, tanto quanto de seus desafios pulsionais que doravante ficam impensáveis sem a participação da resposta dos outros, do ambiente. Uma vez tornando-se fundamental a construção da realidade histórica durante o tratamento, convém não confundi-lo com o trabalho do *après-coup* indissoluvelmente ligado ao mundo fantasmático representacional. As realidades históricas traumatizadas estão em sofrimento, em carne viva, sem o envoltório do símbolo para protegê-las – precisam ainda ser ligadas e narradas.

Poderíamos sintetizar a grande contribuição de Roussillon em suas próprias palavras:

> *[...] os tempos precoces do processo de simbolização se apoiam no registro perceptivo motor, no ato, na passagem ao ato, nas ligações, na concretude e na materialidade que elas oferecem. Tais modalidades de simbolização encontram no jogo um modelo natural e heurístico destinado a pensar o que está em sofrimento nos estados traumáticos e permitir que seja ausentado [s'absenter] aquilo que está presente em excesso dentro. Nesses casos, não se trata de simbolizar a ausência: trata-se de ligar para ausentar [absenter], simbolizar para perder, para largar* (ROUSSILLON, 1995, p. 1374, tradução nossa).

Nas águas da clínica de René Roussillon

A sequência clínica que apresento a seguir pretende mostrar alguns conceitos de Roussillon e como foram sendo trabalhados ao longo do tratamento.[9]

Sonia está em análise *standard* três vezes por semana há oito anos. Chegou numa situação de grande desespero, de choro compulsivo, comportamento que perdurou ou pelo menos entremeou os seis primeiros meses do tratamento. Acabara de interromper uma psicoterapia na qual se apaixonara pelo psicoterapeuta, cuja falta de reciprocidade, além de ter deixado Sonia desesperada, fizeram-na se sentir mais miserável que nunca. O tratamento não ia adiante, o que fez com que ela o abandonasse. Chorava de ter se iludido durante o ano em que lá estivera, quando vivera uma paixão como nunca tinha sentido em sua vida. O fato é que tinha ido buscar ajuda terapêutica por uma depressão por ter sido traída por seu marido. Tinha sido uma situação traumática para ela, inconcebível, pois "se ele a amava deveria ser para sempre". Dizia claramente que não o amava, mas que nunca tinha pensado que ele pudesse amar outra. Sentiu-se desamparada, não queria ser abandonada, seu marido tinha que continuar com ela, era uma "questão de sua sobrevivência". Era uma dupla situação de abandono: do terapeuta e do marido, provavelmente de suas ilusões... O que eu via era uma menina pequena abandonada que chorava por não ter sido "olhada"! Quem era Sonia?

O trabalho com Sonia caminhou: desliga-se aos poucos da transferência delirante passional que tivera pelo terapeuta, voltando

---

9 Devo ressaltar que a apresentação da clínica serve unicamente para ilustrar os conceitos de René Roussillon. Portanto, nenhuma referência maior, seja da transferência, ou contratransferência, ou movimentos no campo analítico, é mencionada.

para seu dia a dia, ocupada entre o cumprimento das tarefas caseiras e a cama que a esperava para acolher sua depressão. Sonia vai se delineando como alguém que cumpre as regras do cotidiano, "fazendo" sem questionar: se ficar parada sem ter o que fazer, o que arrumar, de quem cuidar, vai para a cama dormir sentindo-se extremamente culpada com esse comportamento. Casou-se aos 20 anos com o namorado "de sempre" para sair de casa e deixar de ser o peso que acreditava ser para seus pais. Não amava o marido, nunca teve orgasmo e teve três filhos porque "tinha-se filhos". Formara-se em Contabilidade e a exercera profissionalmente, apesar de não ter nenhum interesse nem desinteresse por esse assunto.

Os primeiros tempos de sua análise foram caracterizados por uma atitude minha de ouvi-la, receber suas aflições e procurar ajudá-la a ir se apropriando de algum "pertence" psíquico, pois o que me apresentava era um deserto. Onde estavam esses pertences, onde estavam seus objetos? A vida não tinha sentido, que fosse uma pitada de graça, um pouco de libido... era uma vida sem nenhum sentido. Mas essa terra arrasada em nada tinha que ver com o trauma provocado pelo marido, era anterior. Procurei ir criando seu vínculo comigo, a questão das dependências num tateio de seu terreno narcísico. Estávamos ainda fiando o fio para termos material com o qual tecer. Por essa altura, eu dimensionava o horizonte de meu trabalho apontando para as defesas narcísicas tão bem engendradas neste caso indubitável de um paciente limite ou narcísico-identitário. Ainda faz parte da narrativa desses tempos lembrar o quanto Sonia se aproveitava de sua depressão para masoquisticamente atacar seu marido. Se ela não tinha instrumentos mais sofisticados em seu deserto psíquico pessoal, usava seu próprio corpo corroído pela melancolia ao culpabilizar seu marido pelo erro fatal da traição. A zona traumática tornava-se campo de batalha para Sonia, que a todo custo tenta ligar, interiorizar os elementos traumáticos de sua história para assimilá-la à sua onipotência interna. Tais manobras configuravam seu narcisismo ou as defesas narcísicas que diziam respeito a seu masoquismo e aos tipos de ligações não simbólicas, comportamentais e biológicas. Passa um longo período do trabalho analítico empobrecida, sem afeto, usando outro tipo de ligação não simbólica, a neutralização energética, uma defesa que tenta neutralizar a volta do clivado por uma restrição da vida psíquica sobre possíveis investimentos em objetos evocadores da zona do trauma. Entretanto, Sonia também funcionava em sintonia com outra realidade psíquica ligada ao recalcado/volta do recalcado, em que conflitos apareciam, sonhos bastante elaborados...

Terei que fazer um corte para chegar ao ponto que gostaria de ilustrar na mudança importante operada no tratamento de Sonia.

Havia um trabalho analítico que se insinuava para abrir caminho,[10] diante do qual eu me sentia impotente, pois via que funcionava durante as sessões, mas não era conservado em sua mente. Sonia inicialmente ignorava o que a tinha ajudado, mesmo porque a melhora durava muito pouco. Lentamente, essa reação se transforma: Sonia não conseguia se "lembrar" do que se tratava, não conseguia ter acesso a nada daquilo que parecia ter-lhe feito bem. Neste caso, não me refiro ao funcionamento de uma memória consciente, mas da reflexividade que não era eficiente, uma vez que Sonia voltava ao mesmo ponto de antes: impotente, deprimida... sozinha... nada adiantava. Bem dizia Green (2002) que era difícil pedir a um paciente que não vive segundo o princípio do prazer, mas segundo uma "lógica de sobrevivência" ou do "desespero", que abdique de suas "amarras" habituais para trocá-las por situações nas quais o prazer é pouco visível. Eu dizia a Sonia que,

---

10 A prioridade não está sendo dada ao conteúdo, e sim à modalidade expressiva do material psíquico.

sim, nós tínhamos construído "casas" só que ainda não tinham sido suficientemente fortes para enfrentar os vendavais da vida... mas o chão tinha sido marcado para levantarmos outras paredes...

Resolvo rearranjar o dispositivo analisante: peço a Sonia que se sente em vez de se deitar no divã durante as sessões. Digo que eu achava que, nesse momento da análise, o benefício seria maior. Realmente, eu queria fazer um contato cara a cara e tirar algumas vantagens da relação estabelecida nessa posição. Via como o aspecto mais difícil de ser alcançado em Sonia aquele da menina abandonada dentro de sua própria casa. Era este que fora traumatizado e volta e meia a rondava por meio de terríveis sentimentos de solidão. Diante da não assimilação de novos conteúdos psíquicos, minha aposta era introduzir um diálogo mimo-gesto-postural entre Sonia e eu para que fossem abertos os canais de experiências subjetivas que tinham precedido o estabelecimento da linguagem verbal. Em relativamente pouco tempo, Sonia deixou de se referir à dor física que tinha para se levantar da cama e começar o dia. Vinha muitas vezes para a sessão em carne viva, doía todo o seu corpo – dizia-me: "É uma dor física".

Eu compreendia que era "o fazer" do corpo, era na carne que se ativava a sua "falta no ser". Não era fácil Sonia poder acreditar que, diante da eliminação da dor que almejava e que não tinha resultados imediatos, poderia encontrar a emergência de um prazer de outra ordem, baseado na criação e conquista de um tipo de prazer apenas suficiente, relacionado a algum "fio traumático". Sua história começa a se esboçar: filha temporona de uma prole de três meninas, se criara no momento da queda econômica de seu pai. Se até os 6 anos desfrutara de luxo (já com tintas de solidão), depois a situação foi de mal a pior: suas irmãs se casaram, seus pais se deprimiram com a "*débâcle*" econômica, a casa escurecera. A lembrança que tem é de estar sozinha num palácio vazio sem ter ninguém com quem interagir. Seus pais estavam sempre no quarto, deprimidos na cama, e ela sabia que não podia incomodá-los. Assim foi: Sonia se calou, não tinha amigos, não aprendera a ter voz para chegar aos outros, cresceu calada, casou calada. Carregava a solidão da inexistência por onde estivesse. É quando sua "história perdida" ganha todo seu sentido mostrando-me os efeitos da sombra do silêncio do objeto ao cair sobre as demandas não respondidas de seu eu. O vazio trazido pelas não respostas de seus pais (seus objetos primordiais) são incorporadas em seu eu deixando como traço o eco do silêncio. É o resultado da quebra do *élan* dirigido ao objeto primeiro que vai se sufocando, pouco a pouco tornando-se inexistente. Consigo então levar Sonia a ver que eu vi o quanto ela foi abandonada. Por isso mesmo sua capacidade para simbolizar, ver o outro e a si mesma foi obstruída, e não porque tenha nascido assim como obra do destino. A historização como meio para apropriar-se da representação psíquica como capacidade para representar segue sendo a via régia para apreender a natureza representativa do que se atualiza no presente do sujeito. Roussillon enfatiza este tipo de trabalho, que consiste em reintroduzir, na dinâmica psíquica do sujeito, as particularidades de respostas e reações do objeto primário aos movimentos pulsionais do sujeito. As respostas transferenciais de Sonia eram não "ser um peso" para mim, por isso, mesmo não se sentindo bem, não queria aprofundar questões não compreendidas. Entretanto, à medida que os objetos de sua realidade histórica se fizeram presentes, consegui avaliar o quanto a permanência de Sonia deitada no divã, implicando a ausência do analista de seu campo perceptivo-motor, corria em parceria com os objetos mudos de seu passado num reforço de suas defesas narcísicas.

Meu trabalho com Sonia evolui, vai se abrindo e se ramificando. Cada vez mais, tenho segurança de que o tipo de trabalho analítico que está me apoiando baseia-se no que Roussillon chama de modelo do jogo. Diz respeito ao modo de presença do analista e seu impacto sobre o psiquismo do paciente, sobretudo no caso de pacientes cujos modos de comunicação devem "reincarnar" a linguagem verbal ou associá-la a seu fundo corporal. O paradigma do jogo implica três momentos ou três formas de jogo que correspondem a tempos diferentes do trabalho psíquico durante o tratamento. O jogo intersubjetivo se caracteriza por se desenvolver entre um sujeito e outro sujeito não só considerado como objeto da pulsão, mas presente com sua subjetividade própria e com sua resposta em jogo na transferência. Era esse o tipo de trabalho que Sonia mais necessitava e do qual mais se beneficiou. O segundo tempo corresponde ao jogo autossubjetivo, bom exemplo da "capacidade de estar só na presença do outro", no qual o sujeito, ao jogar, está oferecendo de forma simbólica uma parte de sua experiência, que se reflete no jogo por objetos materializados, visíveis. Entretanto, esse jogo supõe um espectador, um olhar externo ao qual ele se dirige mesmo que finja não saber. Sonia apresenta-se às voltas com esse jogo "solitário" durante os fins de semana, que representam para ela viver a solidão. Muitas vezes, tem de chamar a empregada para ficar num *stand-by*, nesse lugar de objeto testemunha, de olhar externo. A terceira modalidade corresponde ao jogo intrassubjetivo na figura do sonho e de seu espaço narcísico de trabalho. Nesse caso, não há o sujeito externo, o jogo se desenvolve na interioridade da psique entre as instâncias, desmaterializa as representações graças aos efeitos da alucinação. Entretanto, o processo de interiorização que o sonho representa é o final de um trabalho psíquico que teve início durante o dia por meio das outras formas de jogo. Ainda no que concerne ao jogo, René Roussillon nos lembra de um trabalho a ser desenvolvido, o qual ele chama de jogo potencial, que nada mais é senão a mensagem desconhecida de uma experiência traumática que se mostra no comportamento para ser reconhecida. Ir nessa direção que o jogo potencial nos indica é também ter uma escuta para o material clínico naquilo que ele tem de desconhecido para o próprio sujeito.

O trabalho com Sonia representou um aprendizado teórico clínico do que talvez eu já fizesse intuitivamente com pacientes narcísicos-identitários. Não fosse o ensinamento de Roussillon, eu não poderia ter transferido essa experiência para outros atendimentos.

O percurso que procurei desenvolver dentro do pensamento de René Roussillon segue uma linha que propôs mostrar o quanto da simplicidade e habilidade do analista se assenta em árduo trabalho de conhecimento acrescido da liberdade de criar.

Poderíamos dizer que cem anos de análise pressupõem mil anos de sínteses...

Referências

ANZIEU, D. *O Eu-pele*. São Paulo: Casa do Psicólogo, 1988.

FREUD, S. A interpretação dos sonhos. In: _____. *Edição Standard Brasileira das Obras Psicológicas Completas de Sigmund Freud IV e V*. Rio de Janeiro: Imago, 1987[1900].

_____. Além do princípio do prazer. In: _____. *Edição Standard Brasileira das Obras Psicológicas Completas de Sigmund Freud XVIII*. Rio de Janeiro: Imago, 1976[1920]. p. 17-25.

_____. O ego e o id. In: _____. *Edição Standard Brasileira das Obras Psicológicas Completas de Sigmund Freud XIX*. Rio de Janeiro: Imago, 1976[1923]. p. 23-83.

_____. Construções em análise. In: _____. *Edição Standard Brasileira das Obras Psicológicas Completas de Sigmund Freud XXIII*. Rio de Janeiro: Imago, 1975[1937]. p. 291-304.

_____. A divisão do Ego no processo de defesa. In: _____. *Edição Standard Brasileira das Obras Psicológicas Completas de Sigmund Freud XXIII*. Rio de Janeiro: Imago, 1975[1938]. p. 305-307.

_____. Moisés e o monoteísmo. In: _____. *Edição Standard Brasileira das Obras Psicológicas Completas de Sigmund Freud XXIII*. Rio de Janeiro: Imago, 1975[1939]. p. 13-156.

GREEN, A. *La pensée clinique*. Paris: O. Jacob, 2002.

LACAN, J. O estádio do espelho como formador da função do eu. In: _____. *Escritos*. Rio de Janeiro: Jorge Zahar, 1998[1949]. p. 97-103.

RACHE, E. *Travessia do corporal para o simbólico corporal*. São Paulo: Cla Editora, 2014.

ROUSSILLON, R. *Paradoxes et situations limites de la psychanalyse*. Paris: PUF, 1991.

_____. La métapsychologie des processus et la transitionnalité. *Revue Française de Psychanalyse*, v. 59, n. 5, p. 1351-1519, 1995. (Métapsychologie: écoute et transitionnalité).

_____. *Agonie, clivage et symbolisation*. Paris: PUF, 1999.

_____. Atualidade de Winnicott. *Trieb*, v. 9, p. 55-71, 2000.

_____. *Le plaisir et la répétition:* théorie du processus psychique. Paris: Dunod, 2001.

_____. La séparation et la chorégraphie de la presence. In: _____. *La separation*. Cahors: Érès, 2003.

_____. La "conversation" psycanalytique: un divan en latence. *Revue Française de Psychanalyse*, v. 69, p. 365-381, 2005.

_____. *Le transitionnel, le sexuel et la réflexivité*. Paris: Dunod, 2008.

_____. *Manuel de pratique clinique.* Paris: Elsevier-Masson, 2012.

SAMI-ALI, M. *L'espace imaginaire.* Paris: Gallimard, 1974.

WINNICOTT, D. W. *Brincar e a realidade.* Rio de Janeiro: Imago, 1975.

_____. *Natureza humana.* Rio de Janeiro: Imago, 1990a.

_____. *O ambiente e os processos de maturação.* Porto Alegre: Artes Médicas, 1990b.

_____. *Conversations Ordinaires.* Paris: Gallimard, 1988.

3. O paradigma psicanalítico e seus desafios

Leonor Valenti de Greif

Tradução: Sirlei Reginato

Introdução

Os casos complexos, que ultrapassam a demanda neurótica, exigem do analista um trabalho que vai além do realizado no tratamento-padrão. Apresentam-nos cenários diversos, que fazem com que nos questionemos sobre a nossa clínica e sobre a nossa prática. Se aceitarmos o desafio que nos propõem, nos incentivam a continuar explorando e enriquecendo a nossa tarefa, como agentes de transformação psíquica, reconhecendo os princípios básicos da psicanálise.

Encontramo-nos diante de pacientes que se apresentam como sujeitos vulneráveis, lábeis na afirmação do "eu sou", como também "se sentirem reais". É difícil para eles se reconhecerem e se sentirem reconhecidos, aceitos e amados, apresentando, em vários casos, confusões identitárias, com tendência a realizar relações fusionais, passionais e com dificuldades no que diz respeito a adjudicar sentido ao que lhes acontece, como também lhes é difícil se apropriarem de suas conquistas e manterem suas escolhas.

Também se mostram rígidos, porque para sobreviver tiveram que criar defesas com um alto custo libidinal, derivadas das cisões produzidas com a finalidade de se defender de agonias primitivas (WINNICOTT, 1963).

Os momentos dessas análises podem transcorrer desde os caminhos da transferência neurótica aos momentos nos quais se produzem as "comoções egoicas", "loucuras" do paciente, nos quais transitamos pelo delicado trabalho transferencial em que se manifesta o inconsciente do traumático que devemos enfrentar. Com o trabalho analítico em progresso, parafraseando Freud, podemos dizer que: "Se convocamos os monstros do inferno, não devemos deixá-los ir embora sem antes interrogá-los" (FREUD, 1914/15, p. 1692); se conseguirmos isso, o paciente terá a possibilidade de apoderar-se da sua história.

Das conjunturas traumáticas iniciais e suas derivações

O traumático originário se produz nos momentos em que a criança, para constituir sua estruturação subjetiva, depende totalmente de um meio ambiente facilitador, representado pelos pais. As falhas do "objeto primário" foram erráticas quanto a manter, libidinizar, reconhecer e amar. Essas falhas geram, de acordo com Winnicott e Roussillon, "agonias primitivas" que, diante da ameaça da morte psíquica, produzem o desenvolvimento de defesas e zonas de clivagem; fixando pautas de desorganização psíquica potencial de intensidade variável.

Nessa primeira estruturação subjetiva, o traumático como resultante da cisão fica sem possibilidade de participar da integração e do desenvolvimento egoico, enquanto a outra parte do psiquismo conserva seu contato com o outro da realidade exterior, mantendo a sua tendência à integração e a seu desenvolvimento libidinal.

Por causa da precocidade e gravidade do trauma, o ego não pode atribuir sentido ao vivenciado (ainda não dispõe de um mundo representacional simbólico), em consequência, o traumático fica do lado "do informe", do não integrado.

Em *O medo do colapso*, Winnicott (1963) nos fala do medo do paciente de um desmoronamento psíquico que já aconteceu, que o sujeito ignora e teme no futuro, signo que indica que as defesas contra as "agonias primitivas", até agora mais ou menos exitosas, começam a falhar.

O medo à morte, ao vazio psíquico e ao sentimento de "não existência" se apresentam como manifestações clínicas fenomênicas, as quais Winnicott desenvolve no seu trabalho.

René Roussillon (2008a) enriquece e atualiza estes desenvolvimentos e gera, com o seu pensamento, uma guinada na teoria e na clínica da psicanálise contemporânea. Nosso autor define as patologias narcisistas identitárias como vinculadas aos traumas precoces que ameaçaram a identidade, gerando, em consequência, alterações na organização do narcisismo do sujeito.

Diante da "conjuntura traumática inicial" dos primeiros encontros com o outro (mãe), o sujeito incipiente, para não "morrer" psiquicamente, cliva-se em si mesmo, como recurso defensivo, a fim de separar-se da experiência traumática. Entretanto, uma parte dele fica operando e continua com o seu desenvolvimento, embora impedido de integrar, dentro do circuito psíquico, os vestígios mnêmicos do traumático primitivo. Estes se alojam no inconsciente cindido e retornam como compulsão de repetição, apresentando a urgência da atualização da clivagem.

À clivagem no ego se deve somar a "neutralização energética", que opera como um sistema de domínio por contracatexia para evitar o intenso sofrimento criado pela relação com os objetos primários. Estes falharam na sua função tanto de reconhecimento (função de espelho) como também na de facilitadores do desenvolvimento das capacidades potenciais da criança.

Em consequência, a dor seria neutralizada, por ocasião do "negativo das relações" (WINNICOTT, 1971), originando as denominadas zonas brancas do psiquismo, que deixam vestígio de que "algo aconteceu" (ROUSSILLON, 2008a) e se caracterizam pelo vazio representacional.

Essa situação afetaria os futuros investimentos libidinais e não investiduras libidinais com tendência ao isolamento e à "desertificação psíquica". Podemos também observar, como expressão das defesas, um "desfalecimento pulsional", semelhante ao que Green (2000, p. 27) chama de "impasse vital", e também a "paralisia esterilizante" ou "depressividade", que poderia ser vinculada com um interjogo de desinvestimentos, investiduras e reinvestimentos que produziriam este "esgotamento egoico".

Como exemplo dessa hipótese teórica, poderíamos dizer que a tendência, o desejo de investir libidinalmente existe, mas com tendência a "desfalecer" ou debilitar-se.

Da clínica

De acordo com René Roussillon, as experiências subjetivas primitivas estão ligadas aos estados do corpo com sensações e *quantum* de afetos nos quais predominam processos sensório-motores e perceptuais, forma de expressão de uma subjetividade incipiente na qual *Ego, Id* e o *outro* ainda não estão discriminados. Essas marcas mnêmicas poderão ser reativadas e atualizadas, apresentando-se emaranhadas com percepções atuais. Constituem manifestações de comunicação primitiva, que se expressam em ato, escoradas no corpo, nos gestos, na mímica e nos afetos.

Nessa *linguagem protossimbólica*, o corpo se presta para manter as "ligações primárias não simbólicas" (ROUSSILLON, 2011, p. 13-14) como forma de preservar a integridade psíquica ameaçada. Isto colocado no corpo facilita a tentativa de estabelecer o vínculo com os objetos, favorecendo – *après coup* – a integração do traumático cindido e não excisado no circuito psíquico.

Parafraseando Piera Auglagnier (1984), sabemos que estamos – felizmente – condenados a investir para sobreviver. É assim que o sujeito apela à reobjetalização (ROUSSILLON, 2008a) como recurso secundário à neutralização energética para conseguir um novo investimento do objeto.

Um desses mecanismos secundários é a "solução somática", com a finalidade de contornar esse grande vazio e recriar com o objeto-corpo o vínculo renunciado pelo campo psíquico.

Entre as manifestações clínicas, podemos observar algumas das "defesas paradoxais" assinaladas por Roussillon "na clínica do sofrimento narcisista identitário", que se expressam no emaranhado do corpo, atos e afetos:

1. Criar ativamente um deserto para se proteger da desertificação das relações (por exemplo: defesas autistas).

2. Organizar um vazio psíquico para se defender do surgimento de um vazio incontrolável (por exemplo: alguns tipos de anorexia, de voracidade e de transtornos na aprendizagem).

3. Cortar os vínculos, abandonar diante da angústia de separação, a qual se reativa ante o temor do sujeito de ser abandonado.

4. Despedaçar-se para se proteger da fragmentação (por exemplo: cortes no corpo).

5. Dificuldades para sentir afetos como efeito da tentativa de neutralizar o doloroso do vínculo com o objeto (por exemplo: defesas esquizoides).

6. Hipocondria.

7. Passagens ao corpo (por exemplo: doença psicossomática).

8. Erotização do objeto (por exemplo: promiscuidade sexual).

9. Delírios focalizados (por exemplo: zelotipias).

10. Exclusão psíquica do traumático com atuações no âmbito público.

Por último, quero destacar o que Winnicott chama de "a importância do detalhe" ou pauta pessoal vinculada com as defesas. Esse sinal singular se relaciona com a história do sujeito e pode transformar-se em um guia para o esclarecimento do inconsciente.

Da abordagem psicoterapêutica

Como articulador da teoria, da clínica e da prática psicanalítica, apresentarei um relato clínico.

Ângela

Quero apresentar Ângela: quando chegou à consulta, vinha de um tratamento psiquiátrico em que havia sido medicada com antipsicóticos, mas, como não apresentava nenhuma melhoria, foi encaminhada para mim.

Era uma jovem de 19 anos, de aparência frágil; chamava atenção o seu cabelo escuro e ondulado, o seu penteado antigo com uma mecha de cabelos brancos e também os seus olhos, às vezes, velados e "perplexos".

Na primeira entrevista, se poderia dizer que a sua dor aparecia no relato, no silêncio, no choro e no seu olhar. Conta com dificuldade, de forma entrecortada e com longas pausas, que sua mãe morreu há um ano, em circunstâncias dramáticas (nesses momentos, parecia capturada por uma imagem que se perdia no seu olhar).

Também comenta que a mãe, no dia de sua morte, apesar de saber que podia acontecer o desenlace fatal de sua doença oncológica, pede para que ela vá ao colégio como fazia habitualmente, apesar da insistência de Ângela em ficar com ela, porque via que ela não estava bem e tinha medo de que algo de ruim acontecesse.

Quando regressa da escola, pergunta pela mãe, mas ninguém lhe responde; ao entrar no quarto, encontra-a morta. Conta – em meio ao pranto – que sente que ficou detida ali, na porta do quarto de sua mãe.

Essa cena é paradigmática e, durante os primeiros tempos de análise, esse estar "capturada na cena" tendia a repetir-se no ato, uma e outra vez, procurando sim uma ligação que ajudasse a tramitação psíquica dessa angústia desgarradora.

Nas entrevistas seguintes, conta que é filha única, de um pai que é profissional da "saúde", enlouquecedor, com sérias perturbações mentais, ausente, irascível, muito desqualificador e de uma mãe que tinha sido sua assistente. Descreve-a como infantil, dependente, desvalorizada e muito temerosa. Era Ângela quem cuidava da mãe.

Depois das entrevistas preliminares, decido tratá-la com alta frequência semanal, quatro a seis sessões. Desde o começo da análise, o enquadre afeta Ângela, que confundia a hora e o dia da sessão; um fato que se repetia era chegar justamente quando o horário da sua sessão terminava. Outras vezes, telefonava no seu horário só para constatar se eu estava e para que lhe dissesse quando tinha que vir.

Outra variante significativa que aconteceu durante o primeiro ano de tratamento foi que ela tocava o interfone do edifício, entrava e se perdia, deambulava pelos andares, até que finalmente encontrava o consultório; chegava desencaixada, assustada e com uma expressão de dor no rosto... Só se tranquilizava quando entrava no consultório.

Mais de uma vez a encontrei num canto da escada, como que escondida e esperando ser encontrada. Outras vezes, chegava antes da sessão, tocava a campainha para me avisar que já havia chegado e que ia "comer" ou "tomar sol" em uma praça perto do consultório, até que chegasse sua hora.

Recriava-se, em diversas cenas, um jogo elementar, arcaico, de presença e de ausência, de perder-se e ser encontrado, de superposição de tempos, de chegada e despedida (repetição atualizada para o analista para poder encontrar um novo tempo em um novo encontro).

O enquadre continha e situava essas cenas, e eu, como analista, sabia que devia manter essa experiência no tempo, o suficiente para que Ângela pudesse organizar a representação de um "marco pessoal" que contivesse essas experiências partindo de seus processos internos, oferecendo-lhe palavras para que ela pudesse dar sentido a sua história e a sua dor no momento oportuno.

De acordo com o momento em que a análise transitava, as angústias, associadas à morte da sua mãe, como também o registro de sua perda, levaram-me a trabalhar com o registro das agonias primitivas reativadas, nas quais aparecia a ameaça de desmoronamento com uma potencial desintegração egoica, evidência de importantes falhas na estruturação subjetiva de sofrimento narcisista identitário.

O manejo das variáveis como a distância (BOUVET, 2007), o ambiente do consultório e o uso dos silêncios como das palavras, exigiam um delicado equilíbrio, porque qualquer falha na minha intervenção podia ser vivida como uma falta de apoio ou como uma intrusão, diante da qual ela reagia de forma desorganizada: chorava, puxava os cabelos e machucava as mãos até sangrarem. Em relação a isso, convém destacar que a paciente chegou inicialmente à consulta com múltiplas alopecias traumáticas e lhe faltava (por dano autoinfligido) a pele periungueal em ambas as mãos.

Muitas vezes, as minhas palavras só eram escutadas pelo seu efeito de libidinização; outras vezes, as minhas intervenções contribuíam para que a paciente pudesse encontrar sentido ao que estava lhe acontecendo.

De acordo com o momento que marcava a regressão, devia me ajustar às necessidades da paciente, mas sempre dentro das condições instituídas pelo enquadre. Em algumas circunstâncias, o hierarquizado era a minha presença em silêncio, como se tivesse que reconstruir essa fase do desenvolvimento na qual a mãe opera como tela silenciosa, para que a criança possa – na sua presença – elaborar as primeiras representações da sua ausência.

Assim, nesse ir e vir, entre o *holding* e a interpretação, de acordo com os momentos transferenciais de Ângela, foi transcorrendo o seu tratamento...

Referências

AULAGNIER, P. Condenado a investir. *Revista de Psicoanálisis*, Buenos Aires, v. 2-3, 1984.

BOUVET, M. *La cura psicoanalítica clásica*. Paris: PUF, 2007.

FREUD, S. *Observaciones sobre el amor de transferencia*. Madrid: Biblioteca Nueva, 1972[1914/1915]. (Sigmund Freud, Obras Completas, Libro V).

GREEN, A. Génesis y situación de los estados fronterizos. In: ANDRÉ, J. *Los estados fronterizos*: ¿nuevo paradigma para el psicoanálisis?. Buenos Aires: Nueva Visión, 2000.

ROUSSILLON, R. *Paradojas y situaciones fronterizas en psicoanálisis*. Buenos Aires: Amorrortu, 1991.

_____. *Le plaisir et la répétition*. Paris: Dunod, 2003.

_____. *Cuerpo y actos mensajeros*. Trabalho apresentado no Colóquio de Lyon, mar. 2006. Disponível em: <https://reneroussillon.com/en-espagnol-portugais-allemand/cuerpo-y-actos-mensajeros/#_ftn1>. Acesso em: 28 jun. 2017.

_____. *Agonie, clivage et symbolization*. Paris: PUF, 2007a.

_____. *Configuraciones transferenciales limites*. Conferência ditada na Asociación Psicoanalítica Buenos Aires, nov. 2007b.

_____. Configuración de los estados límites. *Revista de Psicoanálisis*, Buenos Aires, v. 65, n. 1, p. 17-27, mar. 2008a.

_____. *Le transitionnel, le sexuel et la réflexivité*. Paris: Dunod, 2008b.

_____. *Le jeu et l'entre je(u)*. Paris: PUF, 2008c. (Col. Le Fil Rouge).

_____. *La naissance de l'objet*. Paris: PUF, 2010. (Col. Le Fil Rouge).

_____. *Primitive agony and symbolization*. London: Karnac, 2011.

_____. Simbolizaciones primarias y secundarias. *Revista de Psicoanálisis de Madrid*, Madrid, n. 69, p. 219-241, 2013.

_____. Introducción al trabajo sobre la simbolización primaria. *Revista de Psicoanálisis*, Buenos Aires, v. 72, n. 1, p. 49-60, mar. 2015.

ROUSSILLON, R.; MATOT, J.-P. (Dir.). *La psychanalyse*: une remise en jeu: les conceptions de René Roussillon à l'épreuve de la clinique. Paris: PUF, 2010.

WINNICOTT, D. W. *El miedo al derrumbe*. Buenos Aires: Paidos, 1991 [1963].

_____. *Objetos y fenómenos transicionales*. Barcelona: Gedisa, 1991[1971].

4. O sofrimento narcísico-identitário em relação às patologias-limite da infância

Martha Isabel Jordán-Quintero
Tradução: Daniel Ávila

Introdução

René Roussillon foi convidado a participar do 31º Congresso da Federación Psicoanalítica de América Latina (Fepal) que se realizou em Cartagena, Colômbia, em setembro de 2016. Ele interveio em três ocasiões: apresentou a plenária "Núcleos melancólicos no sofrimento da identidade narcisista", discutiu o trabalho teórico e clínico do grupo de estudo sobre o pensamento de Roussillon na América Latina em relação a "Clivagem, corpo e ligações não simbólicas", com o material clínico do paciente Manuel,[1] e expôs, no encerramento, a conferência "Corpo e atos mensageiros".

Como nos encontros frutíferos, muitas perguntas me foram ocorrendo: como surgem os sofrimentos narcísico-identitários?

---

1 O material clínico de Manuel e os comentários sobre ele estão no artigo deste livro "A clínica do sofrimento narcísico-identitário: trabalhando com as contribuições teórico-clínicas de René Roussillon", de A. M. Chabalgoity e E. Ponce de León Leiras.

Como é o início da vida desses pacientes, suas primeiras interações, como são quando crianças? Como receber, enquanto analistas, suas comunicações, que vêm em envoltórios tão diversos, mais em corpo e menos em palavra? Por que vêm à minha mente – e ao meu corpo – evocações de situações clínicas com crianças, embora o modelo em questão não se destine a trabalhar com elas?

Este texto está dividido em duas partes, seguindo meus passos na tentativa de encontrar respostas a essas perguntas. A primeira se centra na conferência inicial de Roussillon, na qual expôs seu modelo do sofrimento narcísico-identitário e explicou o nexo entre este e a melancolia. Na segunda parte, revisitei o conceito de patologias-limite da infância, de Roger Misès (1990), e propus uma conversa imaginária entre Roussillon e Misès.

Parte I – Núcleos melancólicos do sofrimento da identidade narcisista: o modelo do sofrimento narcísico-identitário

Roussillon introduz o tema do sofrimento narcísico-identitário da seguinte maneira:

> *Todos temos sofrimentos narcisistas, mas no caso dos sofrimentos narcísico-identitários, o impacto do sofrimento narcisista compromete, em um dado momento, o próprio sentimento de identidade do sujeito. Essa é a razão pela qual os denominamos sofrimentos narcísico-identitários, para enfatizar o fato de que não se trata apenas de uma problemática narcisista, mas que ela ameaça a própria identidade do sujeito. Poderíamos até mesmo dizer que ameaça sua possibilidade de SER sujeito, de ser sujeito de sua vida (ROUSSILLON, 2016a, tradução nossa).*

A hipótese sobre a qual se baseia tal modelo é a de que a origem dos sofrimentos narcísico-identitários advém de uma experiência traumática que não se pode integrar na subjetividade e compromete a própria capacidade, de quem a experimenta, de converter-se em sujeito. Esta experiência traumática primária afeta as bases do psiquismo. A psique sofre uma decepção narcisista. Evoca o que Freud afirma, em "Luto e melancolia", que esta se deve a um objeto que decepciona. Assim, a questão central da melancolia não é a perda de um objeto – como no caso do luto –, mas a perda do sujeito, o qual não consegue se encontrar apesar de se procurar. Conclui que: "Então, o primeiro trabalho com esse tipo de paciente é o de empreender a busca, e ajudá-los a encontrar-se pouco a pouco, na medida em que os procuramos" (ROUSSILLON, 2016a, tradução nossa).

Propõe um modelo que deriva daquele de Freud em "Além do princípio do prazer", complexificando-o com o "modelo traumático em três tempos" de Donald Winnicott. Este último diz que o bebê espera por um tempo x, depois um tempo x mais y... – aqui a situação está começando a degradar-se; em seguida, o tempo x mais y, mais z – e, nesse ponto, já estamos frente à catástrofe identitária. Roussillon se questionou – partindo da fórmula x mais y mais z – sobre a vivência que o sujeito teria durante esse tempo de espera, em relação à resposta do ambiente. Recorre a Bion: um sujeito nasce com preconcepções (protopresentação interna de algo que necessita, que espera, mas do qual não possui uma representação clara). O bebê tem uma pulsão e invoca a presença do outro, com a esperança de que satisfaça sua necessidade. A resposta do ambiente familiar determinará que a experiência potencial torne-se real ou não. Se a resposta não é a adequada, a decepção prevalece. De acordo com Winnicott, trata-se de uma experiência potencial, que se torna efetiva se o ambiente proporciona o necessário para que o sujeito se aproprie do que está se manifestando em seu interior.

Integrando as contribuições, Roussillon afirma que o bebê percebe uma preconcepção nele e invoca o meio ambiente, o outro, por meio de seu corpo. A força, a pulsão que o bebê sente em seu interior, leva-o a chorar de uma forma particular, dependendo da necessidade que espera que seja satisfeita (tem fome, sente-se sujo, está desconfortável, sente-se sozinho e quer brincar...). A questão fundamental aqui é a resposta do ambiente: uma resposta adequada permite que o bebê integre a experiência, enquanto uma inadequada – porque não coincide, ou porque não chega –, por sua vez, leva a uma experiência de decepção.

Essa experiência está nos alicerces dos sofrimentos narcísico-identitários. Nós a vivemos com nossos pacientes adultos em análise, quando nos solicitam, pedem ajuda, intrigados pela forma como responderemos a esse chamado. Nesse novo vínculo está depositada a sua esperança de que a resposta adequada do ambiente – agora seu analista – permita-lhes reconhecer algo de si mesmos que não sabem muito bem. Roussillon diz: "É um paradoxo: estou pedindo algo que não sei o que é e espero que a resposta do ambiente me permita entender contra o que me confronto" (ROUSSILLON, 2016a, tradução nossa).

Para Winnicott, nesse momento, o bebê entra em um estado de "agonia", termo derivado do grego *agon*, que significa luta; a agonia é a luta pela vida, pela sobrevivência. A criança se esforça com os meios que encontra disponíveis: insiste, repetindo e intensificando seus sistemas de solicitar o outro, recorre à autossensualidade sem sucesso. A característica desse tempo $x + y$ é que o sistema, ao operar, não funciona: "A decepção se repete, a luta leva a um sentimento de fracasso, e o sujeito se esgota. Fica confrontado a um estado traumático particular: um estado traumático sem representação psíquica" (ROUSSILLON, 2016a, tradução nossa).

A esses elementos já descritos, soma-se a vivência de um estado sem fim. Compara a temporalidade dos bebês – "prisioneiros no instante, que é uma eternidade" – com a experiência da temporalidade vivida por pacientes adultos em estado de pânico: sentem que não há fim, ou que o único fim é, provavelmente, a morte.

A clínica dos traumatismos primeiros caracteriza-se por: "São, então, experiências sem representação, sem fim, mas também sem saída". Evoca o termo "impasse" (situação sem saída) (ROUSSILLON, 2016a, tradução nossa).

Evocando a expressão de Bion – terrores sem nome –, Roussillon diz que "preferiria chamá-los terrores agônicos, porque há uma mistura de luta e, ao mesmo tempo, *effroie*[2] – retomando o termo de Freud, de ser incapaz de enfrentar aquilo ao que se confronta, de não haver saída possível" (ROUSSILLON, 2016a, tradução nossa). Até aqui, faria referência a como se sente frente ao que vive em relação com o mundo.

Continua considerando que esse *effroie* é também o do sujeito que, confrontado com essa situação – e vivendo-a como sem saída – sente que o único caminho possível é retirar-se da cena, retirar-se da experiência, retirar-se de si mesmo. Vem a clivagem da subjetividade: "Confrontado a situações de impasse, o sujeito não tem, em um dado momento, outra saída que não seja retirar-se da cena, da situação ou, pior ainda, sair de si mesmo".

Clivagem NO ego e não DO ego; desligamento (*desligazón*):

Abandonar o próprio corpo é uma representação de abandonar-se a si mesmo, de deixar para trás a sua

---

2   *Effroie* é pavor-terror, contém a palavra frio, congela, paralisa por causa do medo e do frio.

> *própria cena interior [...] Quando alguém abandona o seu próprio corpo, para onde vai? Quando se retira de si mesmo, para onde vai? É ali que o sujeito se perde, porque não tem um lugar diferente para ir, diferente de si mesmo (ROUSSILLON, 2016a, tradução nossa).*

Escrevi essa ideia contida no parágrafo anterior, antes de tê-la ouvido na apresentação de Roussillon, porque, para mim, a compreensão desse conceito é fundamental para entender a essência dos sofrimentos narcísicos-identitários. O termo *clivage* (em francês) aparece traduzido indistintamente como clivagem ou cisão. E o conceito ao qual alude Roussillon é diferente, não se refere a algo que existiu como unidade e que se fragmenta em um segundo tempo. Há uma vivência de desconexão pela perda da capacidade de ligar, de ligar-se. É o sujeito quem se encontra vivendo a experiência de não estar coeso. Roussillon afirma que se trata de uma "clivagem no *self*" e não "do *self*", sublinhando que a falta de ligação está dentro do *self*, e não é do *self* com relação a outra entidade. Logo, tais pessoas vivem fora de si mesmas, de sua subjetividade. É indispensável ter essa diferença em mente, uma vez que não há palavras precisas em português para designar uma e outra. Em minha opinião, prefiro usar o termo desligamento (*desligazón*) para esse fenômeno, também abordado por André Green em seus desenvolvimentos com relação à clínica do negativo.

Para explicar o essencial do sofrimento desses pacientes, Roussillon evoca um paciente seu, que disse ao chegar: "*Je suis hors sujet*". Enfatizo aqui que a tradução direta é "estou sem assunto" – não tenho nada a dizer –, porque *sujet* em francês é assunto e também sujeito. Mas o que esse paciente disse na primeira sessão foi que se encontrava fora de sua subjetividade, que carecia dela. Penso aproximá-la com a expressão de Manuel: "A Vida me vive", que sua analista entende como a expressão de sua maneira de estar no mundo. Ambos os analistas estavam certos de que "[para encontrá-lo, é preciso] procurá-lo em todos esses lugares onde ele se refugiou, para tentar trazê-lo novamente à cena, recuperá-lo".

Tendo feito esses esclarecimentos, Roussillon propõe retomar a questão da melancolia. Ele argumenta que é de vital importância manter em mente que

> *a experiência traumática não desaparece uma vez que o sujeito se retira de si mesmo. Tais traços são suscetíveis de se despertarem, então o sujeito mobiliza mecanismos de defesa para se proteger – não mais contra o traumatismo primário, mas contra o retorno dos traços internos do traumatismo* (ROUSSILLON, 2016a, tradução nossa).

Ao retirar-se de si mesmo, diz, o sujeito deixa um vazio, um oco interior que precisa ser preenchido, a fim de sobreviver. Recorre à frase que Freud usa para explicar o que acontece na melancolia – "A sombra do objeto cai sobre o ego" – e traz a sua própria compreensão desse fenômeno: o sujeito incorpora o objeto para preencher o vazio. Roussillon complementa: "A sombra do objeto cai sobre o ego, sobre o corpo, sobre o sujeito... e expulsa o sujeito de si mesmo" (ROUSSILLON, 2016a, tradução nossa).

Para ele, forma-se um *incorporat*, descrito como uma espécie de corpo estranho no interior do sujeito. Ele se sentirá vivido, habitado, possuído por esse corpo estranho que sente que o ataca, e que o sujeito ataca de volta. Esse é, em sua opinião, o núcleo da problemática melancólica. É melhor ter incorporado um objeto decepcionante do que não ter nenhum objeto. Caso contrário, diz ele, "estamos perdidos, não somos nada, deixamos de saber quem somos". O trauma é concebido, portanto, como intersubjetivo, bem como intrapsíquico.

Parte II – Conversa hipotética entre René Roussillon e Roger Misès: das patologias-limite da infância à origem do sofrimento narcísico--identitário

Por que, e para que, convidar Misès e Roussillon para conversar? Formando-me como psiquiatra de crianças e adolescentes, tive a sorte de fazer parte da equipe de trabalho do Centre de Jour pour Pré-Adolescents (CJPA) da Fondation Vallée, que leva também o nome de Centre Roger Misès, em homenagem ao professor que descreveu as patologias-limite da infância (PL). Esse conceito de Misès e o do sofrimento narcísico-identitário (SNI) de Roussillon – adquirido mais recentemente por mim – têm sido fundamentais para o meu trabalho clínico. Encontro-me frequentemente estabelecendo nexos entre um e outro, procurando esclarecer dúvidas sobre ambos, imaginando inclusive uma linha de continuidade na evolução das PL ao SNI, recorrendo a experiências anteriores para propor ajustamentos técnicos necessários...

Por outra parte, notei que, embora não fosse uma exigência, nosso grupo de trabalho se constituía, em sua maioria, por analistas de crianças e adolescentes. Nas diversas contribuições, era evidente a importância que todos dávamos ao corpo, à linguagem paraverbal, à disponibilidade do analista para fazer os ajustes que ele percebia como necessários para o seu paciente. Considero que nós analistas de crianças estamos mais familiarizados com as formas não verbais de comunicação, ou com os aspectos não verbais da linguagem verbal; o corpo e as modificações do comportamento são, na maioria das vezes, razões pelas quais nos consultam. No dia a dia, colocamos nosso psicossoma – e o espaço do consultório – à disposição do paciente para que o habite, percorra, use do modo que for necessário. Vivemos a experiência da construção de psiquismos, mais que a sua reconstrução. Não sentimos ameaçada a nossa identidade analítica quando nossos pacientes – mesmo que adultos em idade – sentem a necessidade de mover-se, caminhar, desenhar, fazer uso de objetos ou brinquedos para encenar algum aspecto próprio para o qual as palavras parecem insuficientes ou inexistentes; ou quando sentimos a necessidade de emprestar-lhes imagens, ou sermos mais ativos no diálogo, ou atendê-los cara a cara, porque o divã para eles é intolerável.

Roussillon possui diversos modelos introjetados de desenvolvimento psíquico precoce, o desejável e os desvios quando isso não ocorre. Apesar de não tratar crianças em sua prática, seu modelo possibilita o trabalho analítico com pacientes que padecem de sofrimentos causados por falhas nas primeiras interações e para quem a relação-processo psicanalítico oferece uma nova oportunidade de existir.

Encontro nexos inegáveis entre os pacientes diagnosticados com o que Roger Misès chamou de organizações do tipo patologias-limite da infância e os pacientes com sofrimentos narcísico-identitários. Roussillon nos disse que colocava Winnicott e Bion para conversar em sua mente. Misès também os colocou para conversar: conceitos nodais de um e do outro são pilares essenciais nas patologias-limite. Convido-os agora a imaginar que Misès esteve em Cartagena conosco e pediu a palavra uma vez terminada a exposição de Roussillon.

Vamos dar a palavra a Misès[3] e permitir que Roussillon intervenha de vez em quando:

---

3   Os conceitos clínicos e psicopatológicos das patologias-limite, aqui desenvolvidos, foram recentemente revistos por mim, com Alejandro Rojas-Urrego, para um capítulo de um livro sobre esse tema.

Roger Misès (RM): As patologias-limite da infância são organizações da personalidade – móveis, pois estão em construção, ao contrário das estruturas – que se caracterizam pela coexistência, na mesma pessoa, de elementos neuróticos e psicóticos.

René Roussillon (RR) teria pedido que ele diferenciasse o psicótico do arcaico e RM teria respondido que se referia a aspectos muito precoces: mecanismos de funcionamento psíquico, mecanismos de defesa, as primeiras relações... não à psicose no sentido desintegrativo dos quadros que sobrevêm uma vez que o psiquismo já está estruturado.

Misès continuaria expondo que a clínica prevalente reúne:

- Um sofrimento depressivo, expresso mais como uma lentificação, um desconforto corporal ou sensação de vazio do que como tristeza – porque, como já assinalou Roussillon, não é possível viver o luto por algo que não se tem, não estamos frente ao luto, mas diante da melancolia. Semelhanças foram levantadas com a *síndrome de comportamento vazio*, descrito pelos autores da escola psicossomática. As consultas ao pediatra ou nos prontos-socorros são comuns ao longo da vida, vão mudando com a idade: insônia e intolerâncias ao leite, dor abdominal, problemas de pele, asma... A capacidade de deprimir-se virá com o tempo, no tratamento, sendo uma conquista da coesão. O confronto da criança com o sofrimento e os sentimentos de vazio ou inutilidade podem desencadear reações de onipotência defensiva.

- Componentes narcisistas: a criança pequena não se sentiu amada tal como era e por ser quem era, o que lhe impede de amar a si mesma quando crescer. Não sente segurança interior; as falhas narcísicas podem ser tão graves a ponto de alterarem o sentimento da própria identidade.

- Transtornos desarmônicos do desenvolvimento e heterogeneidade estrutural: na organização limite, coexistem diversos níveis de funcionamento psíquico que se manifestam em sequência e, às vezes, simultaneamente. Misès diria, "em mosaico", oferecendo uma imagem visual ao conceito de desarmonia. Eu – estando presente no cenário hipotético – pensaria no paciente Manuel: poderíamos dizer que Manuel "não é" (um, inteiro), é um mosaico de várias peças que "não se encaixam", um conjunto de aspectos de si mesmo que não conseguem se relacionar. Sua analista o vê desarmônico: seu tom de voz grave não combinava com o olhar de seu rosto; sua barriga proeminente parecia não "encaixar" com suas pernas longas e finas. A expressão "não encaixa" me levou a pensar sobre as falhas na apropriação do modelo continente-contido; a função continente não foi introjetada por Manuel... ele não se sentiu contido, agora não é um continente coeso para si, nem um contido íntegro.

Misès prossegue:

> *RM: O sujeito desenvolve habilidades de sobreadaptação que asseguram a conservação de um vínculo com objetos do mundo real, enquanto persistem modalidades arcaicas de simbolização do funcionamento psíquico e de relação. O equilíbrio alcançado entre esses dois aspectos é rígido e frágil, e sua ruptura produz vivências que ameaçam fazê-lo perder o controle da vida psíquica e se manifestam mediante acessos de pânico ou uma invasão de sentimentos de vazio e/ou intrusão. Os mecanismos*

> *de desligamento (desligazón) são úteis, mas dispendiosos, na medida em que agravam o comprometimento do pensamento e da capacidade de representação.*

Intervenção de RR para precisar, mais uma vez, o conceito:

> RR: *É indispensável diferenciar esses conteúdos desligados (nas traduções aparecem frequentemente como cindidos) em pacientes com sofrimentos narcísico-identitários dos conteúdos recalcados em pacientes predominantemente neuróticos, pois, embora ambos sejam inconscientes – estão à margem da subjetividade do indivíduo –, os primeiros foram representados, enquanto os desligados não.*

Da clínica à psicopatologia: somente o estudo psicopatológico permitirá dar sentido aos sintomas e distinguir os critérios estruturais essenciais que subjazem a essa clínica polimorfa. Os parâmetros essenciais encontrados são:

- As falhas precoces de *holding* por parte do ambiente familiar – São constantes, mas variáveis. Às vezes, manifestam-se como no caso da dissolução familiar, institucionalização, ruptura repetitiva de laços. Em outros casos, os fatores ambientais envolvidos permanecem desapercebidos até serem mencionados tardiamente ou aparecer nas transferências-contratransferências. Exemplos são a depressão materna precoce ou a presença de traumatismos cumulativos ocorridos nos primeiros anos de vida.

  Essas falhas no *holding* winnicottiano causam uma insuficiência grave no investimento libidinal e narcisista da criança, resultando em falhas e distorções na organização da sua vida psíquica e na evolução das suas relações com os objetos, sem chegar a rupturas ou descompensações, como em certas psicoses precoces. Roussillon apontaria que se produzem tempos $x + y + z$. Misès esclareceria que crianças limite conservam capacidades de adaptação ao meio e de recuperação, mesmo à custa do funcionamento de um falso *self*, segundo as modalidades descritas por Winnicott. (Misès riria, dizendo a Roussillon que ele não é o único que coloca Winnicott para conversar com Bion...) No lado do ambiente, é a mãe quem falha trazendo danos para a função continente e, consequentemente, do lado da criança, não se introjeta a função continente.

- De Winnicott a Bion – Bion sugere que a mãe, graças à sua função alfa e função de *rêverie*, metaboliza os elementos beta do filho e os devolve digeríveis. Ela o protege, assim, dos riscos de transbordamento e favorece a apropriação dos esboços de sua vida psíquica. Exercendo a função de barreira protetora para seu filho, a mãe permite que ele interiorize essa função. Nas patologias-limite, a mãe – que muitas vezes apresenta problemáticas psíquicas semelhantes às da criança – não assume plenamente esse apoio, e a criança fracassa parcialmente em suas tentativas de construir uma barreira protetora. Pensaríamos em Manuel, com uma mãe delirante que tinha que ser aconselhada e trazida para a realidade, uma avó vigilante, mas que não acompanhava, um pai e um avô presentes em sua ausência. A criança, então, permanece submetida à irrupção de forças pulsionais desorganizadoras, das quais se defende recorrendo a cisões (particularmente, clivagens no ego), a defesas arcaicas, em um movimento que leva à inscrição duradoura de funcionamentos em falso *self*. Roussillon pediria para falar, a fim de que retomassem a discussão sobre o termo para referir-se a esse mecanismo. Eles debateriam e, ouso dizer, ficariam com *desligamento* (*desligazón*; clivagem), ou cisão, mas enfatizando que se trata de uma cisão no interior do ego. Por conseguinte, continua Misès, o sujeito não consegue organizar um sistema pré-consciente capaz de estabelecer as ligações habituais entre afetos e representações. Por causa dessas falhas, as habilidades de mentalização fracassam e ele recorre pela via do corpo e do ato para expressá-las.

- As falhas na transicionalidade no sentido winnicottiano do termo – Os objetos transicionais estão ausentes, ou estão mal investidos e são mutáveis. A mãe não consegue dar-lhes a importância que merecem. Assim, a criança não concorda em brincar sozinha, na presença e, em seguida, na ausência de sua mãe.

Com o comprometimento do desenvolvimento da capacidade de brincar, alteram-se as bases da vida psíquica, o início do pensamento e da simbolização, da imaginação e do devaneio; não se encontra o prazer de ter uma vida psíquica. As crianças com patologias-limite carecem dos suportes da vida mental, indispensável para apreender a realidade e diferenciá-la da vida da fantasia. Não possuem um aparelho mental para processar seus pensamentos ou elaborar o conteúdo das forças pulsionais arcaicas. Então, suprimem e reforçam as cisões e os mecanismos de desligamento (*desligazón*).

As falhas na transicionalidade, sublinharia Misès, conduzem a criança a viver uma desapropriação súbita de seu espaço psíquico e apresentar confrontações intoleráveis ao vazio do pensamento.

- Falhas na elaboração da posição depressiva (Mélanie Klein) – As crianças com patologias-limite alcançam a posição depressiva, mas não conseguem integrar as ansiedades depressivas e de separação. Reconhecem sua mãe como objeto total e, portanto, diferenciam o eu do não eu – o que as diferencia das crianças com organizações psicóticas. As relações objetais não são triangulares, mas bi-triangulares: quando a criança constata que seu pai e sua mãe mantém um vínculo, sente-se "apagada" (a angústia é de aniquilação e não de separação). Consequentemente, ela privilegia as relações duais. A única opção para pensar a mãe e o pai ao mesmo tempo é criando uma figura combinada entre eles. O senso de si mesmo é frágil, vulnerável, depende em grande parte do olhar do outro. Essa volatilidade também torna variável a possibilidade de sentir culpa e, logo, reparar o outro. O equilíbrio narcisista-objetal é instável, o que muitas vezes pode levar o sujeito a sentir vergonha (recai sobre si mesmo) em vez de culpa (ênfase no objeto).

Eles têm muito mais para conversar... mas vão parar por aqui hoje...

A modo de encerramento

Esses são os sofrimentos que afligem a maioria dos pacientes que procuram tratamento hoje, sejam eles crianças, adolescentes ou adultos. A dor psíquica é expressa no terreno psicossomático, nas vivências de vazio, no corpo em ação.

Vejo com otimismo que nossas discussões já não giram em torno a se os pacientes com essas características são analisáveis ou não, mas sim em pensar o que devemos fazer para que possamos analisá-los e para que o processo tenha sentido para eles. Há um vasto campo analítico com pacientes que precisam da nossa contribuição para erguer um aparelho psíquico volumoso, com diques e comunicações entre suas instâncias, para promover a construção de símbolos, da transicionalidade, do pensamento criativo, da subjetividade. A perspectiva desenvolvimentista – pilar na Classificação Francesa dos Transtornos Mentais da Criança e do Adolescente – propõe que o tratamento permita uma mobilização da estrutura psíquica. Nos adultos, já não será uma mudança estrutural como nas crianças, mas o encontro com outro que empreenda a busca-construção de sua subjetividade tornando possível o que está no terreno potencial. Em minha opinião, o sofrimento narcísico-identitário é um dos possíveis desvios das patologias--limite da infância. É preciso uma reflexão constante para que a técnica seja viva e responda às necessidades impostas pela clínica.

Referências

ANZIEU, D. *Le Moi-peau*. Paris: Dunod, 1985.

BION, W. R. *Second Thoughts*. London: Heinemann, 1967.

CORCOS, M.; LAMAS, C. États limites à l'adolescence: psychopathologie et clinique analytique. In: EMMANUELLI, M.; AZOULAY, C. (Ed.). *Les troubles limites chez l'enfant et l'adolescent*. Paris: Érès, 2012. p. 79-104.

FREUD, S. Luto e melancholia. In: _____. *Edição Standard Brasileira das Obras Psicológicas Completas de Sigmund Freud XIV*. Rio de Janeiro: Imago, 1917[1915]. p. 271-293.

_____. Além do princípio do prazer. In:_____. *Edição Standard Brasileira das Obras Psicológicas Completas de Sigmund Freud XVIII*. Rio de Janeiro: Imago, 1976[1920]. p. 17-25.

GOLSE, B. La Naissance de la Vie Psychique. In: GOLSE, B.; ROUSSILLON, R. (Ed.). *La Naissance de l'Objet*. Paris: PUF, 2010. p. 65-92.

GREEN, A. La Mère Morte. In: _____. *Narcisisme de Vie, Narcisisme de Mort*. Paris: Éditions de Minuit, 1983. cap. 6, p. 222-253.

_____. Le clivage: du désaveu au désengagement dans les cas limites. In: _____. *Le Travail du Négatif*. Paris: Éditions de Minuit, 1993. cap. 6, p. 157-215.

JEAMMET, P. Vers une clinique de la dépendance, approche psychanalytique. In: PADIEU, R. (Ed.). *Dependance et conduites de consommation, questions en santé publique*. Paris: Inserm, 1997.

KLEIN, M. Algumas conclusões teóricas relativas à vida emocional do bebê. In: _____. *Inveja, ingratidão e outros trabalhos*. Rio de Janeiro: Imago, 1991. p. 85-118.

MISÈS, R. *Les Pathologies Limites de l'enfance*. Paris: PUF, 1990.

_____. Comunicação pessoal em entrevista com M. I. Jordán-Quintero. Paris, 26 jul. 2010. Tradução de Jordán-Quintero.

_____. (Org.). *Classification Française des troubles mentaux de l'enfant et de l'adolescent – R-2012*. 5. ed. Rennes: Presses de l'Ecole des Hautes Etudes en Santé Publique, 2012.

MISÈS, R.; ROJAS-URREGO, A.; JORDÁN-QUINTERO, M. I. Las patologías límite de la infancia. In: RESTREPO, C. G. et al. *Psiquiatría Clínica*: diagnóstico y tratamiento de niños, adolescentes y adultos. 4. ed. Bogotá: Editorial Médica Panamericana (no prelo).

ROUSSILLON, R. Traumatisme primaire, clivage et liaisons primaires non symboliques. In: _____. *Agonie, clivage et symbolisation*. Paris: PUF, 2014. p. 9-34.

_____. *Núcleos melancólicos en el sufrimiento de la identidad narcisista*. Trabalho apresentado na plenária do 31º Congresso da Federación Psicoanalítica de América Latina – Fepal, Cartagena, Colômbia, 15 set. 2016a.

_____. Grupo de trabalho e reflexão clínico-teórica intersociedades sobre "Clivagem, corpo e ligações não simbólicas: contribuições de RR" em torno ao material clínico intitulado "A vida me vive". 31º Congresso da Federación Psicoanalítica de América Latina – Fepal, Cartagena, Colômbia, 15 set. 2016b.

WINNICOTT, D. W. Ego Distortion in Terms of the True and False Self. In: _____. *The Maturational Processes and the Facilitating Environment*. London: Hogarth Press, 1962.

_____. *Playing and Reality*. London: Tavistock, 1971.

5. A clínica do sofrimento narcísico-identitário: trabalhando com as contribuições teórico-clínicas de René Roussillon

Ana María Chabalgoity
Ema Ponce de León Leiras
Tradução: Daniel Ávila

Introdução

René Roussillon tem se ocupado, desde o início de seu trabalho, com uma zona da psicopatologia que denominou "sofrimento narcísico-identitário". Isso exigiu um desenvolvimento metapsicológico específico, ampliando e complementando o alcance de algumas afirmações de Freud – referência fundamental em seu pensamento –, às quais se havia dado pouca atenção até então. Considera que o trabalho com esses pacientes não entra no modelo clássico da prática analítica e propõe pensar em "extensões da análise", levando a ideia de associatividade para além da linguagem verbal.

Desse modo, ele oferece o nome de *sofrimento narcísico-identitário* para todo um espectro de pacientes que apresentam dificuldades na "função subjetivante do ego" (ROUSSILLON, 1999, p. 9), nos quais se produziram falhas no reconhecimento precoce, instaurando um traumatismo primário clivado, submetido a formas primitivas de pulsionalidade e destinado à compulsão à repetição.

"Caracterizam-se por uma *falta em ser*, mais que por uma falta do ser" (ROUSSILLON, 1999, p. 21). Neles, a questão do corpo como soma, como musculatura, ou seja, do agir, é central (ROUSSILLON, 2009). Essa patologia do afeto ou do ato parece testemunhar a "reminiscência" que Freud propõe de experiências subjetivas anteriores à linguagem verbal. É assim que defende a ideia de que a pulsão é também necessariamente "mensageira", expressando-se nessas linguagens não verbais.

Tomaremos fragmentos da primeira parte da análise de uma situação clínica apresentada por Ana María Chabalgoity, que foi trabalhada no Grupo de Estudos sobre o pensamento de René Roussillon na América Latina. Esse material foi apresentado para supervisão e intercâmbio no 31º Congresso da Federación Psicoanalítica de América Latina (Fepal), "Corpo", com o prof. Roussillon, para refletirmos e nos perguntarmos sobre a abordagem analítica de um paciente com sofrimento narcísico-identitário. A seguir, o relato clínico será exposto, juntamente com os comentários feitos por Roussillon e pelas autoras, bem como referências aos desenvolvimentos teóricos desse autor. O paciente, que chamaremos de Manuel, transitou pela sua experiência analítica durante sete anos com três sessões semanais.

"A vida me vive"

Manuel, cuja idade tive dificuldade de determinar em uma primeira observação, começa a falar na primeira entrevista em um tom neutro, como quem relata a história clínica de "um outro", alheio a si mesmo. Havia uma discordância em seu aspecto físico e em sua fala. Seu traje extremamente formal, tipo "executivo", contrastava com seu andar desajeitado; sua barriga proeminente parecia não "encaixar" com suas pernas longas e finas. Seu tom de voz grave não condizia com o aspecto lânguido e pálido de seu rosto.

Comunica o diagnóstico médico da equipe que o havia encaminhado à consulta, o qual sintetiza, sem dramatismos, seu modo de existir: "A vida me vive". Esse enunciado surge no contexto de uma descrição breve e asséptica de sua "sintomatologia psicossomática": ataques de pânico, aperto no peito, taquicardia, parestesia, agorafobia...

> *Manuel (M): Sou muito apreensivo com o tema das doenças, me aparecem medos de ter uma doença vascular, imagino que vou ter um coágulo... me assusta pensar que vou morrer, me atormenta a ideia de que esteja sozinho e algo aconteça... de não ter ninguém que me atenda... esses sintomas se acentuaram nos últimos meses, fizeram todo tipo de exame, mas os psiquiatras me disseram que era só angústia... me mandaram tomar antidepressivos e ansiolíticos... não estava convencido de voltar a tomar medicação... já tomei por dois anos e não notei nenhuma mudança... uma vez por semana estou no pronto-socorro com minhas doenças... me interessei pela ideia de começar uma terapia...*

* * *

Comentário de René Roussillon (RR): A fórmula "a vida me vive" indica, de entrada, que não se sente sujeito de sua vida, portanto, apresenta um problema central da subjetivação. Em outras palavras, tudo ocorre como se ele não estivesse (ele já tinha se abandonado). Seus ataques de pânico se relacionam com a tendência de dessubjetivar-se, o que é terrível, porque é desaparecer da cena psíquica, desaparecer de si mesmo, aquilo que Winnicott (1997) chama de agonia e morte psíquica em "Medo ao colapso". O tema da solidão é essencial: não houve objeto, não houve testemunha, não houve reflexo de si para testemunhar o si mesmo e com quem compartilhar suas angústias de desaparecer. Mas ele teme, nos ataques de pânico, a repetição de uma experiência agonística precoce, primária: a ausência de um objeto que reconhecesse o seu estado agônico em experiências de solidão radical.

Comentário de Ema Ponce de León Leiras (EPL): Esse paciente nos coloca em uma posição de escutar aquilo que seu corpo comunica, suas doenças, suas vivências e medos sobre o que poderia acontecer. Roussillon retoma com força as passagens em que Freud indicou o interesse para a clínica da linguagem dos gestos e atos, revelando sentidos de experiências arcaicas, algo "visto ou ouvido" (FREUD, 1937) em uma época anterior à linguagem verbal, que se conserva ao longo da vida. Roussillon, por sua parte, enfatiza o fato de que as experiências primitivas estão estreitamente articuladas com os estados do corpo e as sensações que provêm dele (ROUSSILLON, 2009).

* * *

Quando havia tido somente duas entrevistas, a analista teve de suspender abruptamente o atendimento por três semanas. Para sua surpresa, ele preferiu esperá-la, apesar de ter sido informado sobre a incerteza da data do seu retorno e de saber que em um mês começariam suas férias anuais.

Dizia que o encontro-desencontro inicial não tinha gerado nenhuma fantasia, nem qualquer sentimento: "Deve ter tido suas razões... nunca me ocorreu pensar em nada... você disse que avisaria quando pudesse me ver de novo, e só, eu esperei... isso não me perturbou...".

Pouco a pouco, essa forma de inauguração da análise foi adquirindo significado: para Manuel, era "normal que alguém aparecesse e desaparecesse sem aviso", de modo que essa situação para ele era "familiar e conhecida". Parecia encaixar com seu peculiar senso de continuidade existencial e com a modalidade de vínculo que tinha criado para "resolver" o conflito que acarreta a intersubjetividade. E, além disso, suas racionalizações pareciam defender muito bem seu reduto narcisista! Nos encontros posteriores, Manuel expressa:

> *M: Quando minha avó soube que me haviam mandado ao psicólogo, me olhou como se quisesse dizer, "pobre, está ficando louco"... mas o que acontece comigo é tão somático... me tortura ver algum dos meus familiares doente, parece que vão morrer, me dá horror vê-los doentes, não suporto... moro com meus avós e minha mãe, não tenho uma comunicação fluida com eles, existe sim a típica preocupação da minha avó, esses controles de se você comeu, que horas vai voltar, como se ainda fosse um menino... eu não respondo, me comunico muito pouco, prefiro comer sozinho e ficar no meu quarto com meus livros, a TV e o laptop... tenho dois amigos que vejo de vez em quando... com eles mantenho mais diálogo, nada muito profundo... minha mãe é muito infantil... precisa sempre que a aconselhem... sempre está com ideias delirantes... acontece alguma coisa comigo, é estranho... as coisas me acontecem, acontecem comigo... não sou de refletir muito, nunca paro para ver o que acontece com isso ou aquilo... a vida me vive... ou estou sozinho e trancado no meu quarto, ou ajo por impulso e saio... prefiro sair*

> *sozinho... não quero compromissos emocionais, prefiro algo rápido, sem diálogo, não me interessa ter uma relação amorosa, não pergunto os nomes ou onde trabalham, não sei nada de suas vidas e não digo nada de mim... para mim, o sexo é um processo... não é algo que me cause problemas, de maneira nenhuma...*
>
> *Analista (A): Mas você se incomoda com seu corpo, parece que está com medo dele, e que ele lhe dá muito trabalho...*
>
> *M: [...] sim, isso sim... não gosto de ir à praia, porque tenho pernas magras, eu reconheço que tenho esse complexo, quando ando me dá a impressão de que estão me olhando para rir de mim, por causa da minha aparência, sei que minha caixa torácica é pequena, na verdade, curta... não sou bonito, nem tenho nada de interessante, não sou uma dessas pessoas que podem ser feias, mas que são sedutoras, não tenho nada atraente, na verdade sou chato, dizem que sou amargo, que tendo a ser duro em minhas críticas, tenho um estilo irônico... não gosto do meu corpo, a única coisa de que gosto são as minhas mãos porque tenho dedos longos e estilizados, mãos de pianista...*

E continua em uma espécie de "dissecação" de seu corpo, para concluir com "uma cabeça em cima de um corpo feio...".

* * *

Comentário de RR: As pernas finas, frágeis, mostram como ele teve que se sustentar no mundo. Foi contando como seus objetos primários se relacionavam com ele: diz ser amargo, chato, crítico, irônico, o que nos faz pensar em um objeto negativo que ataca as formas de vida. O corpo que descreve segmento por segmento mostra uma experiência fragmentada, não unificada de sua própria vida. Freud disse isso claramente em 1938: as primeiras experiências são repetidas por causa de uma fraqueza de síntese do próprio ego, incapaz de integrá-las.

Comentário da analista: "O que me provoca?... nada", respondia a mim mesma. Manuel não expressava nem convocava nenhum sentimento em particular: nem angústia, nem desespero, nem rejeição, nem raiva, nem curiosidade... E, como se isso fosse pouco, concordava com as características com que se definia. Parecia-me "um homem com uma roupa cinza", quase como uma sombra que, em sua ausência, não deixa rastros, como um ser anônimo, cuja presença não o identifica...

Esse sentimento de vazio que me gerava o contato com Manuel foi, paradoxalmente, o motivo que, a partir do consciente, me levou a querer começar um trabalho de análise com ele. O enigmático, ele não o colocava em seu discurso, mas no que eu experimentava com a minha desafetivização contratransferencial.

Comentário de RR: O quadro de sua família confirma as primeiras hipóteses de falta de comunicação sobre a vida psíquica que assusta e abre a questão da loucura e do medo à loucura, o que poderia explicar que ele tende a uma teoria somática. A doença somática tem um estatuto "conveniente" em sua família: o corpo é tudo o que é materializável, identificável e passível de controle. A doença psicológica é inapreensível porque não tem limite; pensemos os ataques de pânico em relação à dessubjetivação e à perda dos limites do ego. Envolver-se em uma relação amorosa verdadeira é correr o risco de investir e se decepcionar, ou seja, reencontrar as condições relacionais de sua família. Em seguida, incorpora o modelo: o sexo de acordo com um modelo funcional como a forma de comunicação familiar.

A relação com seu corpo é complexa. Por um lado, diz que sente uma base frágil, relacionada com a economia familiar que "corporifica a psique" para controlá-la. Por outro lado, seu funcionamento é portador de *incorporats*[1] de seus primeiros objetos, como o sentido crítico etc. Pode-se facilmente imaginar a depressão materna de uma mãe infantil. Um sinal de esperança, no entanto: suas mãos de pianista deixam prenunciar que poderá "tomar em suas mãos" sua subjetividade e sua vida, que vai ser capaz de criar. Também fala das mãos psíquicas, que vai ser capaz de usá-las, mas tem de aprender a tocar, e esse será o trabalho da analista.

Comentário das autoras: Talvez, para aprender a "tocar", primeiro seja necessário que alguém deseje tocá-lo e que ele o permita. Trabalho de intersubjetividade ou, como diz Roussillon, de "interintencionalidade", que é necessário que se encarne na trama transferencial. Por sua vez, Roussillon indica o risco de investir e decepcionar-se. De nossa parte, pensamos que é necessário diferenciar os efeitos estruturantes dos processos de ilusão-desilusão,

---

1 Termo utilizado por R. Roussillon para referir-se aos traços incorporados ao psiquismo, que não são nem uma assimilação, nem uma introjeção, nem uma identificação, mas uma incorporação para preencher o espaço vazio: "Uma espécie de corpo estrangeiro através do qual o sujeito será vivido, habitado, atravessado, possuído de alguma maneira por ele que foi posto em seu interior no vazio deixado pela retirada do sujeito de si mesmo (clivagem no eu)". (N. T.)

das falhas que produz a expectativa de ser amado e a vivência reiterada da decepção de não ser registrado nem existente para o objeto.

Comentário da analista: No vínculo comigo, apresentava-se "correto", me cumprimentava estendendo sua mão flácida de forma fugidia, não era um aperto franco. Fazia um bom uso do idioma, de sua sintaxe: falava, se perguntava, lembrava e associava a episódios de sua infância e dizia estar disposto a ser analisado. Mas algo mais faltava nele: o desejo, o empurrão, o enigma que interpela. Havia excesso de palavras e falta de afetividade, de textura em seu discurso.

Recostava-se no divã, colocando seus braços em forma de "cruz" sobre o peito e mantinha seu corpo praticamente imóvel. Essa postura evocava em mim tanto as imagens de estátuas religiosas de alguns santos como dos cadáveres quando jazem no caixão.

Suas certezas, suas histórias narradas, mas não encarnadas, suas explicações para tudo, me faziam esquecer às vezes que Manuel tinha "falado" do pânico, do horror, dos medos, da morte. Emoções que por agora só podia deixar-me conhecer e expressar pelo que acontecia com seu corpo e o de seus familiares, ou da comunicação de algumas experiências persecutórias em torno a situações de trabalho. Mas essas vivências afetivas tendiam a "desaparecer" rapidamente, mediante a criação de diversas armaduras argumentativas.

Comentário de EPL: em relação à postura do paciente no divã, sua apresentação corporal parece ligada a uma vivência arcaica de imobilidade. "Brincar de morto" como uma forma de não ser percebido em suas necessidades pulsionais e emoções, já que estas poderiam ser esmagadoras e intoleráveis para o objeto materno? Talvez ele deva apresentar-se como crê que o objeto lhe deseja: calmo, retraído, não perturbador, quase inexistente. É assim que registra a analista: alguém que não provoca nenhuma emoção. Isso sugere a presença de identificações alienantes, nas quais o sujeito fica asujeitado e coagulado na posição que o outro lhe adjudica, sem nenhum lugar para o próprio desejo. Quanto à contratransferência, o paciente induz falta de ressonância afetiva, porque, parafraseando Roussillon, a expressão verbal separada do afeto mostra como o sujeito está clivado da criança que foi e do fundo da experiência humana.

Comentário de RR: a falta de iniciativa (*élan*), de desejo, parece estar ligada à depressão materna, relacionada com a decepção de uma ausência de resposta. Isso o leva a restringir suas iniciativas, a proteger-se do contato com os outros para não arriscar uma repetição nos vínculos que evoque as primeiras decepções.

* * *

Com relação ao uso do divã, expressou:

> M: *Mergulho de uma vez, porque se penso vou achar estranho... eu já vi nos filmes... mas vejo que não me causa nada particular, só é estranho...*
>
> A: *Bem, ver não é viver, por algum motivo é preciso mergulhar, o que aconteceria se você se permitisse sentir alguma coisa?*
>
> M: *[...] é verdade... mas simplesmente não sei... agora que você disse isso, me fez lembrar de um sonho recor-*

rente que tenho há algum tempo... estou sentado ao lado de uma estrada com tráfego intenso e a única coisa que vejo no sonho sou eu mesmo sentado à beira da estrada, vendo os carros passarem... estou parado, vendo como os outros vivem...

A: *Quanto medo de viver, Manuel, de ser você quem transita em seu autocorpo, talvez ficar parado, fechado, o proteja de vivências que, embora desconheçamos por enquanto, sabemos que estão através do que acontece com o seu corpo...*

M: *[...] sabia que minhas memórias são em preto e branco?... assim são os meus sonhos também, como se fossem personagens de fotos antigas... as pessoas estão quietas, não dizem nem fazem nada, não sei como explicar... é assim que eu penso... assim são os meus sentimentos... são pensamentos... percebo que penso os sentimentos, não os sinto... não sou muito de demonstrar os afetos, a única coisa que sinto, às vezes, é uma espécie de raiva por dentro, sinto que fico vermelho, tenho vontade de bater em alguém quando sinto que estão me subestimando, mas não demonstro nada, acho que não dá para perceber... tenho vergonha da minha aparência física, sei que tenho baixa autoestima, às vezes, me sinto deprimido e me deito, tem coisas que gostaria de fazer, mas é como se me faltasse vontade, fico no plano das ideias, tenho preguiça de sair... nos fins de semana, passo o dia no meu quarto, à noite saio às vezes... percebo que antes sair me entusiasmava, agora cada vez menos...*

A: *Tanto medo de encontrar com os outros?*

> M: [...] *evito encontrar com as pessoas, na verdade as pessoas não me parecem interessantes, fico entediado quando alguém começa a falar, não me importo com suas vidas, quando era mais novo não era assim, brincava o dia inteiro na rua com outros meninos, imaginávamos coisas de extraterrestres, sempre fui extravagante... na adolescência comecei a me fechar, a me sentir estranho... uma cabeça dentro de um corpo feio...*

* * *

Comentário de RR: Seu sonho encena uma autorrepresentação de sua posição de sujeito "à margem", retirado da cena, retirado da vida. No sonho, a angústia mostra que a retirada da subjetividade está ligada à angústia intolerável e à situação traumática precoce. Os extraterrestres também mostram o estranho a si mesmo.

A falta de cor evoca a inibição dos afetos, assim como as fotos, a imobilidade, mas tudo isso está "fora de moda", vem de outro tempo, como uma forma de testemunho de um trauma antigo. Assim, a retirada de sua vida afetiva, a retirada de sua cena psíquica, denota uma forma de "clivagem no ego".

Comentário de EPL: Como afirma Roussillon, o ego, enfraquecido pela ferida narcísica, vive habitado por pontos enigmáticos e movimentos sem sentido (ROUSSILLON, 2009). A experiência cotidiana do paciente denota o caráter traumático derivado da experiência primitiva não simbolizada. Para Roussillon, nessas patologias, enfrentamos aspectos não representados e não integrados à subjetividade, ao ego, por ação da clivagem. Roussillon conceitua de um modo pessoal o tema da clivagem. Não se trata da "clivagem do ego" que Freud descreve no "Esquema de Psicanálise" (1938), no qual faz da clivagem o processo organizador das falhas do narcisismo, ou em "Construções em análise" (1937), em que se produz uma subtração do afeto com relação à representação.

Na chamada "clivagem do ego", trata-se da clivagem de uma experiência vivenciada, mas não constituída como experiência do ego. Ela deixa vestígios perceptivos, que podem ser reativados de forma alucinatória. O clivado tende a retornar em ato e no soma. A subjetividade fica cortada entre uma parte representada e uma parte não representada que conserva o vestígio. Este último é inconsciente, num sentido descritivo.

O sujeito se autoapresenta e se autorrepresenta estando retirado da cena, corta-se de sua experiência subjetiva retirando-se dela. O sujeito se retira para não se despedaçar, para sobreviver, não poderá voltar à cena, encontrar-se como ator e sujeito que terá encontrado uma solução para suturar a ameaça de brecha à qual a experiência catastrófica o conduziu. Clivagem *do* Ego e Clivagem *no* Ego são, portanto, estreitamente articuladas (ROUSSILLON, 2015).

* * *

E Manuel continuará narrando uma novela familiar sem maiores coloridos, quase sem movimento, estática, como ia descrevendo a experiência de sua própria vida:

> M: *[...] os relacionamentos na minha família são normais, não há histórias espantosas ou dramas, tenho o meu emprego estável, com os meus colegas não tenho muita relação, apenas o que é necessário e certo... não sou do tipo que tem problemas, mas também não estabeleço relações estreitas, não sou muito de confiar nos*

outros e as pessoas que são assim me incomodam... tenho mais de 30 anos e acho que poderia ter me tornado independente se quisesse, sou folgado, por isso não saí de casa... os relacionamentos na minha família são muito... não sei se o vínculo é forte ou não... é muito como um gueto, de controles diários, não sou de dar explicações, não gosto que me perguntem, então no meu quarto estou tranquilo, mesmo que esteja apenas olhando para o teto... minha avó me trata como se fosse uma criança, é ela quem tem desempenhado o papel de mãe, minha mãe se deixa levar por ela... ficou grávida de mim quando era uma jovenzinha... foi forçada a se casar com meu pai e se mudou para a casa dos pais dele... foi como uma formalidade, eram adolescentes... eu tinha quase 7 anos quando meus pais se separaram... meu pai ainda não percebeu que é pai... para mim, é como um vizinho... não é um cara ruim, mas não tenho nenhuma relação com ele, é comedido, austero... minha avó paterna foi quem me criou de criança, eu me lembro dela como uma pessoa dura, indiferente... meu pai estava submetido a ela, depois que saímos da casa do meu pai entrou em cena a avó materna... ela mandava, acho que meus pais não queriam ser pais quando me tiveram, acho que não perceberam que tinham um filho. Sinto minha mãe como minha irmã, me pede conselhos, sou eu quem a orienta.

* * *

Comentário de RR: O que conta de sua família é uma história em que o tempo parou, dominado por mulheres, uma mãe que vive em sua infância. É um mundo bloqueado, onde não há espaço para Manuel. Sua única solução foi retrair-se em seu próprio mundo, mas ficando cortado dos outros e de si mesmo. Ele não se comprometete com ninguém, assim como ninguém realmente se comprometeu com ele.

Comentário da analista: Sua sintomatologia somática foi cedendo rapidamente. Sua aspiração de viver sozinho se concretizou. Havia mudanças no "exterior" que não eram "menores" e que apaziguavam seu sofrimento psíquico, mas ainda sentia sua vida como sendo cinza e monótona. Começou a questionar-se sobre seu *"entrincheiramento"* em sua quietude psíquica. O "outro", diferente de si, parecia não existir. Ia entrevendo um ser aterrorizado, frágil, que em realidade não sabia como abandonar as muralhas de seu hermetismo afetivo.

Tínhamos de ir devagar. Com minhas intervenções, tentava incentivar Manuel ao entrelaçamento de uma malha representacional-afetiva (em um nível pré-consciente-consciente) consistente o suficiente para que ele pudesse ligar e conter a irrupção pulsional frente a um eventual "colapso psíquico". Os cuidados de tipo operacional pareciam não ter feito falta, mas sim o olhar que identifica, que individualiza, assim como a voz que envolve, que protege, que demanda, que vai dando textura e significação às sensações e percepções.

Seu intelecto lhe havia sido de grande utilidade para cobrir essas feridas arcaicas. Mas já não era suficiente. Daí sua existência monótona, seu isolamento e seu corpo que adoecia. Devia nutrir-se de outras roupagens psíquicas para que o encontro com o "outro" não voltasse a surpreendê-lo "nu", desvalido, sem a proteção necessária para enfrentar, novamente, o transbordamento angustiante.

Tais construções da análise, embora ele as retomasse em um processo que parecia ser de apropriação subjetiva, geravam uma perturbação em mim, porque permaneciam em silêncio suas manchas escuras, seus pontos obscenos, sua intimidade, seus afetos, seu erotismo. Como conseguir me aproximar dele sem fazer que essa análise se transformasse também em uma fotografia, em uma imagem plana, sem profundidade?

"Nunca percebi que você estivesse me esperando...": o outro entra em cena

Fui observando que Manuel mantinha um ritmo peculiar em relação a sua assiduidade às sessões. De vez em quando, ele faltava sem aviso e não fazia nenhuma referência a suas ausências.

Comecei, então, a trabalhar sobre o que não estava, sobre as ausências, e deixei de lado a interpretação do conteúdo de seu discurso ou de seus gestos em presença.

> *A: Manuel, o que imagina que sinto ou faço quando você não vem e me deixa esperando?*
>
> *M: [em tom de surpresa] [...] não sei... nunca percebi que você estivesse me esperando... não imagino... às vezes, eu simplesmente venho para cá e dou meia-volta, ou vou dormir... ou não tenho vontade de vir... nunca penso em você... penso em mim, na minha vontade ou não... você não conta nesses momentos...*

Começaram a surgir sessões em que era frequente que ele viesse angustiado e interrogando-se:

> *M: [...] vinha no ônibus e me perguntava como os outros me verão... nunca havia prestado muita atenção...*

M: [...] hoje voltei a sentir medo... não queria sair... não sei bem o que é que me apavora... vi algumas fotos velhas e fiquei surpreso de que estou sempre separado do grupo, não toco em ninguém.

M: [...] o filho de um colega do escritório morreu, fomos todos ao velório... me surpreende que não sinta nada... não gosto disso em mim...

M: [...] os ataques de pânico voltaram, não tanto quanto antes, mas hoje eu acordei e tinha uma mancha no rosto... de novo a ideia de que poderia haver algo errado, fui ao médico...

M: Tive um sonho muito estranho na noite passada... estava em uma espécie de supermercado, ou um escritório com muitas pessoas... do lado de uma escada rolante, uma mulher estava desmaiada no chão, as pessoas passavam do lado dela, mas ninguém ajudava, como se ninguém reparasse nela, eu tinha pavor de me aproximar... você sabe como as doenças me assustam, mas eu me aproximava e via que ela tinha dificuldade em respirar e parecia estar morrendo, vencia o meu pânico e começava a fazer respiração artificial... a única coisa de que me lembro com muita força é a sensação de seus lábios frios... era como uma mulher de mármore...

Observa a analista que, ao mesmo tempo, suas mãos e seus braços iam se "soltando"; seu corpo ia "ganhando vida" por meio de uma manifestação expansiva de seus gestos.

* * *

Comentário de RR: Entra em contato com o *incorporat* maternal para tentar reanimá-la, dar-lhe calor, é o sinal do início da construção do trabalho psicanalítico, aproximar-se desse *incorporat* e tentar cuidar dela, trazê-la de volta à vida para ele mesmo voltar à cena. Sente que, para existir, é ele quem tem de curar os outros, curar sua mãe. Pode viver se dá vida aos demais. Tem de curar o objeto de sua melancolia, senão deve se retrair.

Comentário de EPL: A relação com a analista demonstra como vai se construindo um vínculo no qual os "atos mensageiros" – nas palavras de Roussillon –, que se tornaram potencialmente disponíveis para seu reconhecimento, começam a ser reconhecidos e retomados pela linguagem verbal e pelo processo de simbolização secundária, o que não aconteceu com grande parte da experiência primária do paciente. A transformação na postura – na qual a estátua rígida vai ganhando movimento e vida, por meio de uma nova gestualidade – reflete o calor afetivo da experiência analítica, onde um novo objeto, disponível e que o reconhece, como um espelho que o reflete vivo, vai deixando cair a couraça defensiva localizada na postura e no tônus muscular.

Comentário das autoras: Acreditamos que o apelo da analista sobre existir para ele converte-se, *a posteriori*, num ponto de inflexão no processo analítico. Reconhecer que não pensava na analista, paradoxalmente, conduz à descoberta de que ele é olhado e pensado por ela. Produz-se um movimento psíquico que inicia o processo de construção do ato reflexivo: perceber-se sendo olhado possibilita a representação de si e do outro.

Roussillon argumenta que, em análise, tais situações se apresentam como uma demanda, para que o analista possa ver e sentir aquilo que o paciente não vê e não sente de si, estabelecendo uma transferência por retorno: fazer o analista viver aquilo que não foi possível viver de sua história. As formas de transferência se encontram "marcadas pelo paradoxo, a paixão, a negatividade, o limite, a confusão e não pelo conflito, o afeto-sinal, a ambivalência, a castração, a ilusão" (ROUSSILLON, 2012, p. 8). Há um "fracasso e uma busca de reflexividade, uma dependência das formas de presença perceptiva do objeto. Pode-se dizer, parafraseando Freud, 'a sombra do objeto plana e cai sobre as linguagens não verbais' etc." (ROUSSILLON, 2012, p. 27).

Outro aspecto a destacar é a incorporação pelo paciente de um objeto melancólico. Em sua conferência no 31º Congresso Latino-americano de Psicanálise em Cartagena, "Núcleos melancólicos no sofrimento narcísico-identitário", Roussillon (2016) retoma um aspecto discutido anteriormente em seu trabalho, sobre a contiguidade desse tipo de sofrimento com aquele que é observado na melancolia. O luto se refere a um objeto perdido; na melancolia, trata-se de um objeto decepcionante e narcísico, em espelho com o sujeito. Somos confrontados com um sujeito perdido, que se retira da experiência dominado pelo terror e pela angústia extrema. Retira-se de si mesmo, deixa um vazio interior, um espaço que deverá preencher para sobreviver. Produz-se um "recheio" por meio da incorporação de um corpo estranho dentro de si, que ataca o sujeito ou a quem o sujeito ataca. Roussillon enfatiza que é melhor incorporar um objeto decepcionante que nenhum objeto.

Em *Agonie, clivage et symbolisation*, Roussillon (1999) já afirmava, referindo-se a "Luto e melancolia" (FREUD, 1917), que o luto é possível quando a representação levou-se a cabo e o objeto foi perdido, enquanto nesses pacientes o problema está relacionado ao não advindo de si mesmo – ao que não pôde ser –, e não à perda. O não advindo permanece em estado potencial na psique. Trata-se de problemáticas da negatividade, mais que de integração e ligação.

Esperamos que os fragmentos do relato clínico apresentado, bem como os comentários que o percorrem, tenham permitido entrar em contato tanto com a qualidade teórica e clínica do pensamento de Roussillon quanto com a sutileza de suas formulações sobre o sofrimento narcísico-identitário. Destaca-se a ressonância que seus desenvolvimentos teóricos podem produzir na clínica com a particularidade desses padecimentos, sob a forma de uma abertura a novas ideias e associações pessoais. Esperamos ter conseguido transmitir o espírito desse autor para pensar e interrogar-nos sobre a clínica, ao compartilhar com outros colegas seus avatares e vicissitudes. Constatações e conjecturas que, longe de serem leituras reducionistas a partir de perspectivas psicopatológicas, abrem à complexidade e aos limites zonas não transmissíveis do psiquismo e do trabalho analítico.

Referências

FREUD, S. Duelo y melancolía. In: _____.*Obras completas 14*. Buenos Aires, Amorrortu, 1992[1917]. p. 235-256.

_____. Construcciones en el análisis. In: _____. *Obras completas 23*. Buenos Aires: Amorrortu, 1991[1937]. p. 257-270.

_____. Esquema del psicoanálisis. In: _____. *Obras completas 23*. Buenos Aires: Amorrortu, 1991[1938]. p. 133-210.

ROUSSILLON, R. *Agonie, clivage et symbolisation*. Paris: PUF, 1999.

_____. Corps et comportement: langage et messages. *Revue Belge de Psychanalyse*, v. 55, p. 23-41, 2009. Disponível em: <http://www.pep-web.org/document.php?id=rbp.055.0023a>. Acesso em: 12 jun. 2017.

_____. As condições da exploração psicanalítica das problemáticas narcísico-identitárias. *ALTER – Revista de Estudos Psicanalíticos*, v. 30, n. 1, p. 7-32, 2012.

_____. Un processus sans sujet. *Le carnet Psy*, v. 189, p. 31-35, 2015. Disponível em: <https://www.cairn.info/revue-le-carnet-psy-2015-4-page-31.htm>. Acesso em: 12 jun. 2017.

_____. *Núcleos melancólicos no sofrimento narcísico-identitário*. 2016. Trabalho apresentado no 31º Congresso Latino-americano de Psicanálise, "Corpo", Cartagena, Colômbia, 2016.

WINNICOTT, D. W. Fear of breakdown. In: WINNICOTT, C.; SHEPHERD, R.; DAVIS, M. (Ed.). *Psycho-analytic explorations*. Cambridge: Harvard University Press, 1997. p. 87-95.

6. Contribuições para uma teoria sobre a constituição do supereu cruel[1]

Marion Minerbo

Introdução e hipótese

Este texto não é propriamente *sobre* a obra de Roussillon, mas foi escrito *a partir* de muitas de suas ideias. Entre tantas, um "convite" feito ao leitor de *Le transitionnel, le sexuel et la réflexivité* (2008b) teve uma importância decisiva. O autor assinala que, na clínica da pulsão de morte, pouco se estudou sobre os efeitos dos aspectos assassinos do objeto primário na psique em formação e que há todo um campo teórico-clínico a ser explorado. Ora, eu estava justamente às voltas com as dificuldades do trabalho com o sofrimento ligado aos ataques do supereu cruel contra o eu. Esses ataques me pareciam resultar da incorporação não subjetivada dos ataques perpetrados inconscientemente por um aspecto do objeto primário. Motivada pelo "convite" de Roussillon e por necessidades da minha clínica (e de meus supervisionandos), acabei

---

1 Texto vencedor do Prêmio Durval Marcondes, conferido durante o 25º Congresso Brasileiro de Psicanálise, realizado em São Paulo, de 28 a 31 de outubro de 2015.

propondo a hipótese de que tais ataques provêm do aspecto paranoico do objeto. Ameaçado pelas demandas pulsionais do bebê, o objeto defende seu narcisismo atacando o do bebê: são os aspectos assassinos do objeto.

Foi assim que comecei a esboçar, apoiada em várias outras ideias do autor, uma teoria sobre a constituição do supereu cruel que fosse operativa na clínica. Todos sabemos que tentar aplacar a ferocidade do supereu é tão inútil quanto limitar-se a empatizar com o sofrimento do eu. Impotente e ameaçado em seu narcisismo, o analista pode atuar sua contratransferência negativa, retraumatizando o paciente e levando o processo a um impasse. O caminho para a análise e a desconstrução do supereu cruel passa, necessariamente, por uma teoria sobre como ele se constitui. Meu objetivo é contribuir para essa teoria com algumas hipóteses a fim de, no final do texto, sugerir possíveis caminhos para o trabalho clínico com esses pacientes.

Roussillon reconhece que essa instância ataca e desorganiza o eu em três figuras da psicopatologia psicanalítica: (1) no *funcionamento melancólico*, o embate entre supereu e eu se dá principalmente no plano intrapsíquico ("sou um fracasso, um ser desprezível, indigno de amor"); (2) no *funcionamento paranoico*, o sujeito se identifica ao supereu e coloca o outro no lugar do eu, tratando-o com a mesma crueldade com que o supereu trata o eu na melancolia ("você é mau, um ser desprezível, não merece o meu amor"); (3) no *funcionamento masoquista*, o sujeito "convoca" o outro por identificação projetiva a se identificar com o supereu cruel e a massacrá-lo ("sou culpado, sou mau e desprezível, mereço ser punido").

Frente aos desafios colocados pela análise desses pacientes, não encontrava na literatura respostas para as seguintes questões: por que o supereu tem tanto ódio do eu? Por que é controlador e tirânico? O que ele não tolera no eu? Qual é o gatilho que desencadeia o ataque feroz do supereu ao eu? O que ele exige do eu? Por que não é capaz de empatizar com suas limitações e deficiências?

Não pretendo fazer uma revisão da bibliografia sobre o supereu, mas apenas contextualizar minhas hipóteses. Encontramos em Freud duas acepções distintas sobre a origem do supereu. Por um lado, é apresentado como instância gestora e legisladora do desejo e do prazer, herdeiro do Édipo (1923), que se manifesta na clínica como *culpa neurótica*. Mas o supereu aparece também, na melancolia, como resultado da identificação do eu com a sombra do objeto (1917). É uma instância que planta suas raízes no Isso e extrai sua força das pulsões de morte (1923). Esse supereu – Freud o denomina *severo e cruel* – tem características *psicóticas*: ele não critica algo que o sujeito fez, como o herdeiro do Édipo, mas ataca, desqualifica e destrói aquilo que ele é. Mas o que significa "a sombra do objeto"? O que, do objeto, cai sobre o eu, levando às identificações que constituem o supereu cruel? É o que tentarei desenvolver ao longo do texto.

Klein (1932) foi a pioneira no estudo da constituição do supereu cruel. Para ela, essa instância está diretamente ligada à presença e atuação, desde o início da vida, de uma pulsão de morte inata. A projeção defensiva do sadismo e da destrutividade leva à constituição do objeto mau, que será internalizado, originando o núcleo desse supereu. Essa teoria toma em consideração o corpo pulsional do sujeito, mas não o inconsciente do objeto, justamente o elemento que estará no centro do meu argumento.

Ferenczi não se ocupou diretamente do supereu cruel, mas, em seu texto "A criança mal acolhida e sua pulsão de morte" (1929), ele coloca o inconsciente do objeto no centro da constituição do psiquismo e da própria pulsão de morte. Nessa mesma linha, em sua tese de doutorado orientada por Jean Laplanche, Marta Resende Cardoso encaminha a hipótese de ser essa instância um enclave psicótico constituído por aspectos inconscientes – e, portanto, *não metabolizáveis* – da alteridade do objeto. Remeto o leitor ao seu excelente livro *Superego* (2002). Mas quais seriam esses aspectos inconscientes do objeto?

Dando continuidade a essa hipótese, gostaria de acrescentar que os aspectos não metabolizáveis do objeto dizem respeito ao seu núcleo paranoico. O supereu cruel é um núcleo psicótico *específico* que se organiza no *infans* em resposta aos momentos de *funcionamento paranoico do objeto primário*. Nesses momentos, o objeto projeta no *infans* seus próprios objetos internos maus. Essa hipótese constitui, por assim dizer, a outra face da moeda da *idealização do bebê* apontada por Freud em "Introdução ao narcisismo" (1914). Nesse texto, o fundador da psicanálise afirma que os sentimentos ternos e a idealização que os pais fazem de seu bebê resultam da projeção de seus próprios aspectos infantis idealizados. Os pais *transferem* para o bebê os aspectos imorredouros ligados ao próprio narcisismo. Visto como perfeito, o bebê é amado pelos pais. A outra face da moeda seria a transferência, ou a projeção, para dentro do bebê, dos aspectos denegridos e persecutórios dos pais – na linguagem de Melanie Klein, projeção de seus objetos internos maus. Visto como "mau" pelo aspecto paranoico da figura parental, o bebê será odiado e atacado. Não por sadismo, que implica no gozo ligado ao sofrimento do outro, mas porque, nesse momento, ele representa uma ameaça ao narcisismo dos pais. Naturalmente, essas duas correntes afetivas coexistem, ou melhor, se alternam, no vínculo primário.

Uma situação banal do cotidiano de todos nós ajuda a esclarecer essas ideias. Uma criança passa correndo pela sala e derruba um vaso, que se quebra. A mãe avança para cima dela, berrando:

"VOCÊ QUER ME DEIXAR LOUCA!!!". É um micromomento de funcionamento paranoico. Por quê? Porque durante alguns segundos – apenas na vigência da identificação projetiva – as fronteiras sujeito-objeto se desfazem e a mãe confunde seu filho com seu próprio objeto interno mau. Por alguns segundos, ela o vê como um inimigo que quer destruí-la e o odeia por isso. Essa cena é muito diferente daquela em que a mãe diz: "Tenho vontade de esganar essa criança!". Aqui, em vez de atuar, ela é capaz de *representar* o seu ódio, que por isso mesmo já não é ódio, e sim "mera raiva".

É importante notar que não há, na cena do vaso, um terceiro que intervenha com firmeza dizendo tanto para a mãe quanto para a criança algo como: "Calma, ela não quer lhe deixar louca, apenas foi desastrada". Ele está ausente ou por omissão, ou por medo, caso em que abandona a criança à própria sorte. Ela se vê confundida com algo, ou alguém, que não é ela e, ao mesmo tempo, vê-se objeto de uma carga de ódio em estado bruto, um ódio não simbolizado. Nesse sentido, trata-se de um microvoto inconsciente de morte. No segundo seguinte, a mãe se recompõe e volta a ser a mãe amorosa de sempre. Nem se lembra da violência com que atacou a criança em seu microssurto psicótico. Mas a criança registrou com terror que a mãe, de quem depende de forma absoluta, avançou para cima dela com ímpetos assassinos. Cenas como essa podem ser muito esporádicas. Mas há casos em que se repetem o tempo todo, deixando marcas profundas. Quanto mais extenso o núcleo paranoico do adulto, mais cruel será o supereu que se constitui no psiquismo em formação.

As hipóteses acima delineadas começaram a ser gestadas num trabalho anterior (MINERBO, 2010). Na ocasião, sustentei que, na ausência de função alfa, o objeto primário responde às demandas da criança com elementos-beta – tóxicos e não metabolizáveis pelo psiquismo em formação. Denominei-os *elementos-beta tanáticos*[2] (eβ-T) porque, para defender seu próprio narcisismo, o psiquismo parental *ataca inconscientemente o narcisismo da criança com identificações projetivas*. Essa experiência é vivida como agonia e terror sem nome.

Em 2015, encontro no livro *Le transitionnel, le sexuel et la réflexivité* (2008b) uma frase que me ajudou a desenvolver essas ideias. Em uma tradução livre, seria o seguinte:

> *Será que a morte poderia provir também do objeto primário [...] na forma de movimentos ou desejos de morte? [...] A clínica ligada ao aspecto assassino do objeto e seus efeitos sobre a pulsão de morte do sujeito continuam pouco reconhecidas e há toda uma vertente da clínica da pulsão de morte que ainda demanda elucidação (p. 208-209).*[3]

Diante dos aspectos assassinos (inconscientes) do objeto, duas defesas primárias interligadas procuram garantir a sobrevivência do eu: a clivagem (FREUD, 1938; ROUSSILLON, 1999) e a incor-

---

2 Numa extensão do conceito bioniano de *elemento-beta*, propus, no texto de 2010, uma distinção entre *elementos-beta eróticos* e *tanáticos*: os primeiros dizem respeito aos elementos não simbolizados ligados ao Édipo e à sexualidade (o recalcado), que serão atuados com a geração seguinte; os segundos, aos elementos não simbolizados ligados às dificuldades na constituição do eu (o clivado).

3 "La mort pourrait-elle venir aussi de l'objet premier [...] sous forme de mouvements ou de souhaits de mort? [...] Les cliniques de l'objet meurtrier et de ses effets sur la pulsion de mort du sujet restent, quant à elles, peu défrichées et c'est tout un pan de cette clinique observable de la pulsion de mort qui demande à être exploré" (ROUSSILLON, 2008b, p. 208-209).

poração da sombra do objeto (ROUSSILLON, 2002; 2012). Segundo minha hipótese, a clivagem dos afetos em estado bruto e as identificações narcísicas com os aspectos tanáticos do objeto estão na origem do núcleo psicótico denominado *supereu cruel*.

Dando continuidade a essas ideias, o objetivo deste texto é reconhecer, a partir de dois fragmentos clínicos, quais são e como agem esses eβ-T. O primeiro mostrará como a figura parental abusa de seu poder sobre a criança, obrigando-a a "pagar a conta" do trabalho psíquico que não consegue realizar. O segundo revelará que as características do supereu (ódio ao eu, controle tirânico, crueldade) decorrem da incorporação de eβ-T que se originam no aspecto paranoico do objeto primário. Esse objeto ataca sistematicamente o eu do *infans* porque não consegue empatizar com suas necessidades e desejos nem tolera as manifestações de sua subjetividade.

O abuso de poder no vínculo primário

Marcia e sua família estavam em férias num *resort*. O filho de 10 anos entra suado no quarto, toma um banho rápido e sai correndo para continuar brincando. Nisso, deixa a toalha molhada jogada no chão. Fervendo de ódio, ela cata a toalha e a pendura no banheiro. Horas depois, ainda estava profundamente irritada. Dirige-se a mim num desabafo indignado: "Custava ele catar sua toalha do chão?".

Por que Marcia fica com tanto ódio do filho? Não pode ser só porque ele não pendurou a toalha. Outra mãe poderia ver a mesma cena como um descuido, ou como pressa de ir brincar, e não sentiria ódio. Mas Marcia "vê" ali alguma coisa que toca em um nervo exposto e a retraumatiza. Tanto é que ela pula de ódio. O caráter *alucinatório* da experiência indica *a atualização transferencial de um núcleo psicótico*.

O que será que ela "vê"? Pergunto a ela por que ficou com tanto ódio. Responde que ele pensa que o tempo dele vale mais do que o dela e espera que ela fique à sua disposição 24 horas. Além disso, como sabe que a mãe vai acabar pendurando a toalha, empurra para ela a tarefa que caberia a ele. É um abusado.

Todas essas leituras são autorreferidas e "contra ela": o filho pode viver (ir brincar), mas ela não (tem de ficar à disposição 24 horas) – o que revela a atividade de um *núcleo paranoico*.

Mas quem é o filho que, nesse momento, ela odeia? Certamente não é mais o filho querido, mas um abusador que tenta submetê-la tiranicamente, exigindo que fique à sua disposição 24 horas. Ele representa um aspecto abusador do objeto primário. É esse objeto que ela odeia. É com ele que Marcia confunde seu filho nesse momento.

De que abuso se trata? Ela afirma que o filho é um abusado porque o trabalho de pendurar a própria toalha caberia a ele, mas sobra para ela. Na escuta analítica, a toalha molhada representa o trabalho psíquico que caberia ao objeto – trabalho que, por algum motivo, ele não faz e sobra para ela. No exemplo da criança que quebra o vaso, o trabalho psíquico que cabe ao adulto é, primeiro, ser capaz de conter sua própria angústia e, segundo, assumir sua parte de responsabilidade no desastre – afinal, quem deixou o vaso em lugar impróprio foi ele. Mas, como isso ameaça seu narcisismo, defende-se pondo a culpa na criança. É como se dissesse: "Não sou eu que não consigo fazer o trabalho psíquico que me cabe, é você que é mau, que quer me destruir, e eu o odeio por isso".

Como afirma Ferenczi em seu artigo "Confusão de língua entre os adultos e a criança" (1933), o elemento traumático no abuso (sexual) é o *desmentido* do adulto. O adulto não assume que abusou da criança. Em vez disso, acusa-a de estar mentindo ou até de tê-lo seduzido. "Não fui eu que... é você que..." O que faltaria acrescentar é que o desmentido nem sempre é resultado de má-fé, caso em que estaríamos diante de um núcleo perverso. Na situação que estamos examinando, o desmentido está ligado às limitações psíquicas do adulto em função de seu núcleo paranoico. Ele *de fato* não tem como pagar a conta e, por isso, empurra-a para a criança. Do ponto de vista do adulto, a identificação projetiva é necessária e defensiva. Mas, do lado da criança, ela é vivida como abuso psíquico.

Como o adulto "passa a conta" para a criança? Por meio de identificações projetivas ou de evacuações de elementos-beta. Em função da assimetria da relação, a criança não tem como recusar: vai ter que se virar para pagá-la. Trata-se, por assim dizer, de um abuso de poder: o adulto faz um uso não consentido do psiquismo infantil, que ela não tem como impedir.

Afirmei acima que, se Marcia pula de ódio ao ver a toalha no chão, é porque se *retraumatiza*. Gato escaldado tem medo de água fria. Se o gato tem medo de água fria, é porque foi escaldado. Já viveu o terror de quase morrer e não está disposto a viver isso novamente. Se Marcia interpreta a toalha no chão como abuso, é porque ela já viveu algo análogo no vínculo primário. Esse "algo análogo" nunca foi digerido nem integrado.

Qual seria a experiência indigesta? Na linha proposta por Freud em "Construções em análise" (1937), o analista precisa ser capaz de imaginar, de criar a partir de sua própria mente – em linguagem contemporânea, ele precisa *sonhar – o núcleo de verdade histórica contido no pesadelo que se repete*. Do meu ponto de vista, a experiência indigesta é a identificação projetiva do adulto. No exemplo do vaso, a criança se vê confundida com um objeto mau, destinatária de um ódio que não lhe diz respeito, sem um terceiro que possa intervir para salvá-la.

A experiência completa de abuso inclui não apenas o ódio do adulto, mas o terror da criança (angústia de aniquilamento), que está "nas mãos" do adulto, e o ódio pela injustiça de se ver alvo de moções pulsionais tanáticas que ela "não merece". Ainda não foi dito que o abusador pode ser o aspecto paranoico do pai, da mãe ou de ambos. Seja como for, essa experiência não tem como ser metabolizada. Até porque o adulto, que normalmente é quem ajuda a criança a dar sentido a suas experiências, não percebe nem a própria violência, nem o terror que ele produz na criança. A experiência não integrada volta e volta, tal como o sonho de angústia (FREUD, 1920): o pesadelo que se repete re-apresenta, na forma de percepções alucinatórias,[4] o traumatismo precoce não simbolizado.

A criança não tem alternativa a não ser pagar a conta. Como? Sacrificando seu narcisismo em favor do narcisismo do adulto.

---

4 Em "Le processus hallucinatoire", Roussillon (2001) discute a diferença entre a realização alucinatória do desejo e o retorno alucinatório do traumático: a primeira pressupõe que o princípio do prazer já foi instaurado, o que ainda não é o caso na segunda situação. "Já evocamos que depois de 'Construções em análise' e 'A clivagem do eu' [...] [Freud acrescentará] a ideia da coexistência da percepção e da alucinação na clivagem, mas também remeterá a alucinação não mais às representações do objeto do desejo, mas a percepções traumáticas anteriores não subjetivadas" (p. 93). Por outro lado, mas na mesma linha, retoma as consequências da revolução epistemológica feita por Winnicott com o conceito de *objeto criado-achado*. Roussillon mostra como esse conceito desconstrói a clássica, mas ingênua, oposição entre percepção e alucinação: é possível *perceber alucinatoriamente*. O ursinho de pelúcia é *percebido* na realidade, ele existe, é macio e, por isso mesmo, presta-se a *ser alucinado* como sendo a mãe. A criança não poderia alucinar a mãe em um ursinho áspero ou espinhudo. Para Roussillon, a percepção será infiltrada pelo alucinatório quando determinada situação atual tiver elementos reais que remetam o sujeito à experiência traumática não simbolizada e não integrada (clivada). Esta se re-apresentará – o termo é de Freud – à psique tal qual, sem transformação, infiltrando a percepção. O retorno alucinatório do traumático clivado infiltra a percepção da situação atual, resultando em uma *percepção alucinatória*.

Isso é feito por meio de duas defesas primárias: a clivagem dos afetos envolvidos na experiência e a identificação com o agressor. São elas que irão constituir o núcleo psicótico a que chamamos *supereu cruel* (ROUSSILLON, 2002, 2012). Veremos adiante como isso se dá.

Agora, podemos entender a pergunta que Marcia me dirige: "*Custava ele catar sua toalha do chão?*". Em termos metapsicológicos: "Custava meu objeto primário fazer o trabalho psíquico que lhe cabe, sem empurrar (evacuar) esse trabalho para mim? Custava ele dar um destino mais apropriado a seus dejetos psíquicos – sua toalha molhada? Custava ele não me usar como continente para suas identificações projetivas?".

Ela recorre a mim como a um terceiro capaz de dar um testemunho sobre o trauma. Como veremos na última parte do texto, uma das funções do analista é instalar a função do terceiro, sistematicamente ausente da cena traumática. De fato, o objeto primário deveria ser capaz de realizar o trabalho psíquico que lhe cabe. O que ela ainda não sabe – e de alguma forma isso teria que ser descoberto em análise – é que, se o adulto não faz sua parte de trabalho psíquico, não é propriamente por abuso, mas por suas limitações.

Falta de empatia e intolerância à alteridade no vínculo primário

O segundo fragmento vai nos ajudar a reconhecer outro tipo de microvotos inconscientes de morte que estão na origem do supereu cruel. Eles têm a ver com a falta de empatia e com a intolerância do aspecto paranoico do adulto em relação às manifestações da subjetividade da criança.

Marcia vai comemorar o aniversário do filho com um lanche para a família. Está angustiada, pois teme o olhar crítico da sogra.

O marido se oferece para ajudá-la depois do almoço, já que de manhã vai jogar tênis. Marcia ferve de ódio. Pergunto-lhe o que esperava: *"Esperava que ele acordasse às 7h da manhã e passasse o dia ao meu lado, ajudando em tudo o que eu precisasse. Mas ele não está nem aí comigo, vai jogar aquela merda daquele tênis ridículo. Custava ele abrir mão do tênis por mim?"*.

Aqui Marcia ocupa uma posição identificatória inversa à do fragmento 1, mostrando que as posições ocupadas pelo eu e pelo supereu são complementares e intercambiáveis.

Mas quem é o marido nessa cena? Na minha escuta, ele representa a criança-abusada-nela. Embora o trabalho psíquico ligado à festa caiba a ela, tenta empurrar a conta para ele, exigindo que abra mão do tênis e fique às suas ordens o dia todo. Exatamente como o filho, que, segundo sua narrativa, exigia que ela ficasse à disposição 24 horas por dia. Reencontramos aqui a fórmula do abuso: "Não sou eu que não dou conta do lanche, é você que não está nem aí comigo".

Enquanto Marcia me relata essa cena, minha contratransferência acusa o massacre à subjetividade do marido (que representa a criança-abusada-nela). Em identificação com ele, consigo imaginar seu sofrimento e sua perplexidade frente: (1) à exigência tirânica (*passar o dia todo às ordens dela*), (2) à desqualificação (*a merda do tênis*) e (3) ao desprezo (*tênis ridículo*) por seu desejo. Se insiste em ter existência própria (*jogando tênis*), é considerado um fraco (*precisa do tênis ridículo*) e um traidor (*não está nem aí comigo*). Ele é desprezado e odiado por isso.

Ao mesmo tempo, percebo que ela não se dá conta, de modo algum, do abuso, da tirania e do massacre à subjetividade do marido. E faz todo sentido: esse comportamento não está subjetivado (ROUSSILLON, 2002). Não é ela (enquanto um eu-sujeito), mas sim o supereu-nela, que tenta aniquilar a subjetividade do marido (que representa, na minha escuta, a criança-nela). Por isso, se eu tentasse lhe mostrar que faz com o marido a mesma coisa que, segundo ela, o filho fez com ela, seria incapaz de reconhecer isso. Minha fala seria vivida como uma crítica injusta e eu me transformaria imediatamente no supereu cruel, retraumatizando-a e colocando a análise em risco. Como veremos na última parte, o segundo *front* no trabalho com o supereu cruel é criar as condições para que a alteridade possa ser tolerada, em vez de sistematicamente atacada.

Por que ela tenta aniquilar a subjetividade do marido? Porque tem uma intolerância às suas manifestações. Uso o termo *intolerância* no mesmo sentido de intolerância à lactose. Quando a pessoa não tem a enzima para digerir leite, apresenta uma série de sintomas desagradáveis. Naturalmente, vai evitar esse alimento para não sofrer. A mesma coisa pode ser dita da intolerância de Marcia (identificada ao supereu cruel) às manifestações da subjetividade do marido (que representa a criança-nela). Quando ele diz que vai jogar tênis, ela tem uma espécie de reação alérgica porque não tem a "enzima psíquica" para metabolizar a alteridade.

Entende-se, então, que Marcia tenha que atacar, desqualificar, desprezar e tentar controlar tiranicamente as manifestações da subjetividade do marido (microvotos de morte). São tentativas de evitar aquilo que ela não tem condições de digerir e que, por isso mesmo, a retraumatiza. A pergunta *"Custava ele abrir mão do tênis por mim?"* indica que ela acredita que seria perfeitamente possível ele abrir mão de sua subjetividade para cuidar da angústia dela na preparação do lanche. Se não o faz, é porque é um fraco e *"não está nem aí comigo"*.

O supereu é cruel porque, para dispensar o seu amor ao eu, faz uma exigência impossível de ser cumprida: que o eu renuncie a ser e a existir. É como se o supereu dissesse ao eu: "Não sou eu que não consigo tolerar sua subjetividade, é você que se recusa a renunciar a ela, o que prova que você não me ama; você é mau e eu o odeio por isso". A acusação é, obviamente, injusta. Reconhecemos aí um sintoma muito comum entre os paranoicos: a extrema sensibilidade a situações injustas e a luta feroz para fazer valer os seus direitos (ou os de outros, com quem se identifica). Trata-se, nem mais nem menos, do direito de existir. Metapsicologicamente, são os traços mnésicos perceptivos da experiência real de injustiça que se re--apresentam de maneira alucinatória (cf. Nota 4).

Apesar disso, é fundamental reconhecer que, se o supereu faz essa exigência, é porque não tem empatia para com as necessidades e desejos do eu, vistos como fraquezas inadmissíveis, intoleráveis e desprezíveis. Como exemplo da falta de empatia, cito outra paciente, que ouvia de seu avô: "*Se pedir, não ganha, e se chorar, apanha*". Em submissão a essa injunção, o eu se dilacera tentando não ter necessidades e desejos para, enfim, merecer o amor do supereu. Eis a origem da exigência de perfeição, sempre presente nesses pacientes. É interessante notar que o supereu funciona como se ele mesmo fosse perfeito. Entende-se, pois, o aspecto paranoico da figura parental que lhe deu origem, projetou suas imperfeições "desprezíveis" na criança, livrou-se delas e se tornou, por assim dizer, "perfeito".

Por que o supereu não tem empatia pelas necessidades do eu? A empatia, que é a capacidade de se identificar com os estados emocionais do outro, é construída no vínculo primário (ROUSSILLON, 2010), contanto que o bebê encontre as condições necessárias para isso.

E quais são essas condições? Roussillon (2008a) resume com o conceito de *homossexualidade primária em duplo* as condições que o bebê precisa encontrar no vínculo primário para que a alteridade possa ser tolerada e até, quem sabe, vir a ser fonte de prazer.

- *Homo* significa *igual* e se opõe a *hetero*, que significa *diferente*. O bebê precisa descobrir seu objeto como um *igual* a ele. Como uma massinha de modelar viva, a mãe apaga, tanto quanto possível, sua subjetividade e se adapta às necessidades dele. Ela aceita não introduzir as diferenças antes da hora. Caso contrário, a alteridade será vivida como traumática, produzirá alergia e será recusada.

- O termo *sexualidade* indica que a mãe e o bebê precisam sentir prazer um com o outro. Ao lado do prazer de encher a barriga e de sugar, que são só do bebê, é fundamental que ambos, graças às suas respectivas competências, consigam estabelecer uma comunicação primitiva, corporal e emocional, bem-sucedida. Quando isso acontece, a satisfação experimentada cria condições libidinais para que as inevitáveis frustrações ligadas à alteridade do objeto possam ser toleradas e metabolizadas.

- Com a expressão *em duplo*, Roussillon se refere à *função reflexiva* da mãe. Como um espelho vivo, ela se disponibiliza para traduzir o bebê para ele mesmo. Aqui entra a empatia da mãe: ela precisa ser capaz de se identificar com os estados emocionais dele para fazer uma tradução mais ou menos compatível com o que ele está sentindo. Caso contrário, irá refletir uma imagem em que o bebê não se reconhece. Ele não poderá empatizar consigo mesmo nem com o outro.

Tudo isso nos auxilia a entender a exigência, aparentemente absurda, de que *o marido passasse o dia à disposição, ajudando em tudo o que ela precisasse*. Para a escuta analítica, é um apelo desesperado para que ele funcione como duplo, limitando-se a se adaptar, a ecoar e a compartilhar com prazer os movimentos de Marcia na preparação do lanche. A persistência dessa demanda tão primitiva mostra que seu objeto fracassou em criar, no vínculo primário, as condições que acabamos de ver. Essa compreensão orienta o trabalho do analista, que precisará "se fazer de duplo", evitando intervenções em que sua subjetividade apareça demais: intepretações simbólicas ou diretamente transferenciais. Ou elas não farão sentido algum, ou retraumatizarão o paciente.

O núcleo paranoico do objeto primário e a constituição do supereu cruel

Por que, afinal, o objeto primário não é capaz de criar as condições sintetizadas na expressão *homossexualidade primária em duplo*? Por que a mãe não consegue ser empática, por que se enrijece, por que não consegue atenuar sua subjetividade nem refletir ao *infans* apenas coisas que digam respeito a ele?

Do meu ponto de vista, o fracasso se deve à atividade do núcleo paranoico do objeto. Quanto mais extenso, mais a mãe faz identificações projetivas com o bebê e *menos ela consegue se identificar empaticamente* com ele. Em vez de interpretar corretamente suas necessidades, responde a partir de interpretações paranoicas.

Para o núcleo paranoico da mãe, *o bebê não chora porque sente desconforto, mas para tiranizá-la*. Ou seja, em vez de refletir ao bebê algo que diga respeito a ele, ela introduz no campo intersubjetivo elementos que dizem respeito a ela. Em vez de apagar sua subjetividade, o objeto a impõe precocemente, na forma de interpretações paranoicas nas quais o bebê não se reconhece – e que serão, contudo, internalizadas em uma identificação com o agressor (FERENCZI, 1933).

Além disso, se ela vê o bebê como um tirano, inevitavelmente precisará se defender do abuso. Ela se enrijece e entra em um braço de ferro com ele. Resiste à suposta tirania, não se submete, exige que ele não chore, que não lhe faça demandas. "Não sou eu que sou paranoica, é você que é um vampiro voraz, e eu te odeio por isso." Aterrorizada, a criança percebe que suas demandas produzem uma reação de ódio no objeto, mas não é capaz de dar sentido a essa experiência absurda. Naturalmente, todo esse processo é inconsciente para o objeto. Ele não é capaz de reconhecer que se sente ameaçado pela subjetividade do bebê nem que se defende atacando o psiquismo em formação. Por isso, não consegue ajudá-lo a metabolizar as mensagens tanáticas que ele mesmo emite.

Não é demais insistir que tais elementos tanáticos são evacuados defensivamente por uma figura parental que, quando entra em funcionamento psicótico, alucina o bebê como abusador e tirânico. O adulto pode entrar e sair desse estado em questão de segundos e, por isso, tal dinâmica não é fácil de ser reconhecida a olho nu. Uma mãe suficientemente boa terá seus microssurtos psicóticos quando seu narcisismo se sentir ameaçado e responderá com microvotos de morte sem sequer se dar conta disso, já que tais atuações defensivas são da ordem do inconsciente. E isso não a impede, em absoluto, de ser extremamente amorosa e adequada no exercício da função materna na maior parte do tempo. O mesmo vale para o pai ou substituto.

Percebe-se que, quanto mais extenso o núcleo paranoico da figura parental, mais intensos os microvotos de morte e mais cruel o superego. No limite de sua crueldade, o superego força o melancólico ao suicídio e o paranoico ao homicídio.

Clivagem e identificação com o agressor

Acompanhamos até aqui o papel do inconsciente do objeto na constituição do superego cruel. Cabe agora detalhar o papel do psiquismo em formação. Dois mecanismos de defesa primários são acionados automaticamente para garantir a sobrevivência do eu na situação traumática: clivagem e identificação com o agressor (ROUSSILLON, 2012).

Identificação com o agressor

Em função da violência da comunicação psicótica, bem como de sua imaturidade, o *infans* não tem alternativa a não ser acolher a identificação projetiva. Percebe, aterrorizado, que o (aspecto paranoico do) objeto vê suas demandas como ofensa ao seu narcisismo. E irá se identificar ao projetado: "Meu objeto tem razão em me odiar, sou mau, sou culpado, sou fraco e desprezível, não mereço existir". Assim se constituem as identificações tanáticas com as quais o supereu ataca o eu.

É importante notar que o eu se sentirá culpado não por ter atacado o objeto bom, como na posição depressiva, mas por identificação primária com a paranoia do objeto: "Se você não erradicou sua subjetividade por amor a mim, então você é mau e eu te odeio por isso". E ainda: "Se você afirma que não consegue erradicar sua subjetividade, então é um fraco, e eu te desprezo por isso". Em consequência, o sujeito não conseguirá legitimar os próprios desejos e necessidades, que serão vistos por ele mesmo como egoístas e desprezíveis. *Ele se sente culpado e envergonhado por existir.* É o que Roussillon (2006) chama de *culpa primária pré-ambivalente.* Evidentemente, essa culpa psicótica nada tem a ver com a culpa neurótica, efeito da ação do supereu edipiano.

A incorporação forçada de eβ-T que pertencem ao espaço psíquico do objeto agressor origina uma zona de confusão sujeito-objeto. O sujeito não pode integrar tal corpo estranho, porque ele não é metabolizável. Mas também não consegue se diferenciar dos elementos tanáticos pertencentes ao inconsciente do objeto que o colonizam. É por isso que ele passará a vida se debatendo contra, mas também se submetendo, às vozes do supereu psicótico. A tentativa de atingir a "perfeição" para merecer o amor do supereu cruel leva o eu ao desespero. Ele se dilacera na tentativa de atender a essa exigência, pois, ao lado dos paranoicos que são, com toda razão, odiados, o objeto certamente tem muitos aspectos bons, adequados, cuidadores, amorosos e amados.

Quando o sujeito se submete às exigências e tenta aniquilar sua subjetividade na esperança de ser amado pelo supereu, ele *se melancoliza*. Quando se identifica às acusações do supereu, culpa--se por seus desejos e necessidades e sente que merece ser castigado: torna-se *masoquista*. E quando resiste às acusações e se revolta contra a tirania do supereu, paga o preço de se estruturar em torno do ódio à alteridade, tornando-se *paranoico*.

Clivagem

Como vimos, instala-se uma luta de vida ou morte entre o aspecto paranoico da figura parental e o psiquismo em formação, pois cada um representa uma ameaça ao narcisismo do outro. Essa situação vai gerando, além do terror ligado à ameaça de morte (angústia de aniquilamento), um ódio que se potencializa reciprocamente. Como esse ódio excede a capacidade do psiquismo de metabolização, será clivado, indo reforçar o contingente pulsional do Isso. Quando essa dinâmica tanática se instala precocemente – como é o caso nos pacientes que apresentam um núcleo psicótico importante –, podemos ter a impressão, como Klein (1932), de um ódio constitucional que ataca e estraga o objeto bom.

Quando a figura parental abusa inconscientemente da criança, quando não tolera as manifestações de sua subjetividade, ela se sente injustiçada e reage com ódio. Mas a figura parental também não tolera o ódio da criança e reage com mais ódio – com mais acusações e mais intolerância. Por isso, do meu ponto de vista, o ódio é recíproco e constitui dialeticamente um campo intersubjetivo tanático no qual já não é possível identificar o ponto zero. Este tende ao paroxismo, pois essa dinâmica torna o objeto cada vez mais paranoico, cada vez menos capaz de acolher e transformar as angústias de ambos.

A clivagem (FREUD, 1938; ROUSSILLON, 1999) salva o psiquismo de ser totalmente inundado e desorganizado pelo ódio. Em compensação, esse afeto em estado bruto irá "turbinar" o supereu. É esse ódio não subjetivado que Marcia destila cotidianamente contra o marido ou, quando isso não é possível, contra si mesma.

É notável que, com tudo isso, Marcia não imagina sua vida sem o marido. Entende-se, pois, por pior que seja a relação entre a mãe e seu bebê, estão destinados a permanecer juntos. Reitero que o ódio do bebê se dirige ao aspecto paranoico do objeto que inconscientemente deseja a sua morte, o que não o impede de lançar apelos desesperados aos aspectos amorosos e cuidadores do objeto, do qual depende de forma absoluta. Marcia (a criança-nela) sente que não conseguiria sobreviver sem o marido, em absoluta contradição com a realidade, como ela mesma reconhece.

Antes de passar à última parte do texto, na qual abordarei o trabalho do analista com o supereu cruel, gostaria de retomar as questões formuladas no início para sintetizar o percurso realizado. *Como se constitui o supereu cruel?* Pela clivagem e identificação com microvotos inconscientes de morte, isto é, com elementos-beta tanáticos provenientes do aspecto paranoico do objeto primário, na ausência de um terceiro que possa barrá-lo. *Por que o supereu cruel tem tanto ódio do eu?* Porque o aspecto paranoico do objeto interpreta certos movimentos pulsionais do eu como ameaça à sua integridade. *O que o supereu não tolera no eu? Por quê?* Não tolera as manifestações de sua subjetividade, porque, como não tem as "enzimas psíquicas" para processar o que vem do outro, a alteridade é vivida como traumática – produz "alergia psíquica". *Por que o supereu é controlador e tirânico?* Para impedir que o eu tenha vida própria, evitando a emergência da alteridade, vivida como traumática. *O que o supereu exige do eu?* Exige uma prova de amor impossível de ser dada pelo eu: que se submeta inteiramente à injunção de "não ser". *Qual é o gatilho que desencadeia o ataque feroz do supereu ao eu?* A "insistência" do eu em ter vida própria é interpretada pelo supereu como afronta, ofensa ou traição, o que desencadeia microvotos inconscientes de morte contra o eu. *Por que ele não é capaz de empatizar com as limitações e deficiências do eu?* Porque a empatia consigo próprio, e depois com o outro, depende de certas funções que o objeto não consegue realizar devido à atividade de núcleo paranoico. São elas: a função meio maleável, necessária para se adaptar às necessidades da criança; a função reflexiva, necessária para traduzir a criança para ela mesma; e a capacidade de estabelecer uma comunicação corporal/emocional prazerosa e satisfatória para ambos, mãe e bebê, necessária para instalar o processo de simbolização da alteridade e da diferença.

O trabalho do analista com o supereu cruel: caminhos possíveis

Como afirmei na introdução, minha tentativa de esboçar uma teoria sobre a constituição do supereu cruel se deve inteiramente às dificuldades encontradas na clínica. E é na clínica que poderemos comprovar, ou não, se essas hipóteses são produtivas.

Strachey (1934) argumentava que, para serem mutativas, as intepretações deveriam ser transferenciais. A expressão costuma ser entendida como sinônimo de interpretações que apontam diretamente para a transferência *com* o analista. Mas ela pode ser entendida também como interpretações (ou manejos) *na* transferência, isto é, no campo transferencial-contratransferencial que se estabelece *entre* paciente e analista. Nessa compreensão, o analista não é apenas uma tela de projeção da transferência das questões intrapsíquicas do paciente. Ele também participa, com sua subjetividade, junto com o paciente, na criação do campo transferencial-contratransferencial. Ou seja, a transferência depende não só das questões intrapsíquicas do paciente, mas também de como o analista "se comporta", de como ele responde.

No trabalho com o supereu cruel, o analista pode de fato ser confundido transferencialmente com essa instância, mas isso apenas *potencialmente*. Se ele interpretar qualquer coisa que se pareça, mesmo de longe, com a fórmula "Não sou eu que... é você que... não é o esperado", o analista se transforma *efetivamente* em uma nova encarnação desse supereu. A repetição se instala na transferência de forma idêntica, retraumatizando o paciente e levando a análise a um impasse.

Como exemplo, trago uma vinheta da análise de Marcia. A cada vez que a recebo na sala de análise, ela diz: *"Obrigada"*. Intrigada, eu lhe pergunto, ainda no primeiro mês: *"Obrigada, por quê?"*. A pergunta era no sentido de identificar o que ela sentia que recebia de mim antes mesmo de iniciada a sessão. Sua resposta ficou no plano formal da boa educação. No entanto, como ela me contou *três anos depois*, ela sentiu hostilidade no tom da pergunta e a recebeu como uma "bronca". Fico sabendo, então, que quase foi embora no primeiro mês. Já fora do âmbito do retorno alucinatório do traumático, ela me explica o motivo: sentiu que estava sendo criticada, não por algo que havia feito, como entrar com sapatos sujos de lama, mas por algo intrínseco a ela. Ela aprendeu a agradecer e não pode deixar de fazer isso. Se eu não permitia que ela agradecesse, ela não poderia continuar ali. Para ela, minha pergunta tinha um tom hostil e evocava a segunda parte da fórmula:

"Você está errada em me cumprimentar". Sem que eu tivesse a mais pálida ideia, minha intervenção funcionou como um microvoto de morte. Três anos depois, quando eu repito a pergunta, ela me conta tudo isso. Mas então, graças ao caminho percorrido, eu já podia me atrever a fazer uma interpretação diretamente transferencial. Acompanhando o humor com que ela se recorda do passado, digo: "Hoje a gente entende por que você me agradece toda vez que entra na sala de análise. É porque, por mais um dia, eu lhe concedo a dádiva de tolerar a sua existência!". Rimos juntas.

Pois bem, de um lado, procuro evitar a repetição do mesmo. Mas como abrir espaço para a criação do novo? O que fiz durante esses três anos? Trabalhei *na transferência* orientada pelas ideias que apresentei na primeira parte do artigo. Da mesma forma como, potencialmente, posso vir a repetir o supereu cruel, levando a análise a um impasse, posso também, potencialmente, vir a ser dois novos objetos que lhe possibilitem sair da repetição psicótica em que está aprisionada. Mas isso vai depender das respostas que eu puder dar a ela na situação transferencial.

O primeiro novo objeto que eu precisaria encarnar na transferência é o objeto capaz de realizar a função *duplo de si*. Como vimos, esse objeto é necessário para que ela consiga empatizar consigo mesma e "instalar o *software*" (matriz simbólica) para metabolizar a alteridade. Para tanto, eu preciso conseguir me adaptar às suas necessidades, empatizar com suas experiências e traduzir a paciente para ela mesma. No segundo fragmento, relatei uma situação em que ela exige que o marido fique à sua disposição para ajudar na preparação do lanche. Evito intervenções na linha "É você que...". No lugar disso, eu me identifico e empatizo com o terror que ela sente da sogra, re-apresentação alucinatória do supereu cruel. Digo: *"Você fica tão aterrorizada com as críticas da sogra que precisa fazer o lanche perfeito. E fica com ódio do marido porque ele não percebe o seu terror. Em vez disso, vai jogar tênis e a abandona à própria sorte".*

São dezenas, ou centenas, de situações desse tipo, nas quais intervenho mais ou menos nessa linha. Depois de um ano e meio de trabalho, sou surpreendida com um novo primeiro objeto empático, que surge na figura de um chefe. Ele diz algo que a toca profundamente, algo que *"eu nunca tinha ouvido de ninguém até hoje"*. Ela reproduz o tom de aceitação carinhosa com que o chefe lhe diz: *"Eu entendo o que você está dizendo, sei do que você está falando".*

O segundo novo objeto que eu precisaria encarnar na transferência é o *terceiro*, aquele que não estava presente na cena em que o objeto primário evacua eβ-T no psiquismo da criança. Em praticamente todas as situações relatadas, só estão presentes ela e seu objeto primário, geralmente representado pelo marido, engalfinhados em uma luta de vida ou morte. Com sua ausência, o terceiro deixou a criança abandonada à própria sorte e não a ajudou a dar sentido à sua experiência. Até pouco tempo atrás não havia, no material, nem sombra de um terceiro que pudesse se interpor entre a criança e o objeto para barrar os microvotos de morte.

Como encarnar esse objeto *na transferência*? Mais uma vez, este é um lugar que está potencialmente presente, mas só se tornará de fato presente nas/pelas respostas que eu puder dar, a cada vez que o microfilicídio se re-apresentar de forma alucinatória. E isso vai depender da minha capacidade de sonhar o pesadelo que se repete. Por exemplo, quando ela traz situações com o marido que seguem o modelo "Não sou eu que... é você que...", procuro imaginar, com ela, por que será que ele precisa ficar tão na defensiva. Tenho em mente a teoria de que é o aspecto paranoico do objeto, portanto sua fragilidade, que o leva a atacar para se defender. É uma tentativa de permitir que apareçam outros aspectos do marido, visto como entidade onipotente detentora dos poderes de vida e morte sobre ela.

Um fragmento clínico recente mostra um primeiro esboço do lugar do terceiro sendo construído. A sogra temida quer passar o *réveillon* com Marcia e seu marido. É praticamente impossível dizer não, pois ela estará comemorando seus 80 anos. O marido, que não quer viajar com a mãe, não sabe como sair dessa situação. Na frente da mãe, ele pergunta para Marcia, fingindo inocência: "*Querida, nós temos algum plano para o* réveillon*?*". Pela primeira vez, ela se deu conta de que o marido tem pavor da própria mãe. É claro que ele sabe que eles têm planos de viajar só com os filhos! Com essa pergunta, o coitado estava implorando para ela se interpor entre ele e a mãe e salvá-lo da fúria dela. O marido, que para ela sempre foi uma "*entidade*" que desconhece as fraquezas humanas, "*parecia um menininho de 6 anos*".

Espero ter conseguido mostrar como uma teoria sobre a constituição do supereu cruel nos ajuda a intervir na clínica. Evitando repetir o objeto abusador com alguma formulação do tipo "Não sou eu que... é você que..." e respondendo de modo a ir instituindo alternadamente os lugares do objeto duplo de si e do terceiro, procuro criar, na transferência, condições para que Marcia comece a se descolar das identificações tanáticas que a aprisionam.

Referências

CARDOSO, M. R. *Superego*. São Paulo: Escuta, 2002.

FERENCZI, S. A criança mal acolhida e sua pulsão de morte. In: _____. *Obras completas 4*. São Paulo: Martins Fontes, 2011[1929]. p. 55-60.

_____. Confusão de língua entre os adultos e a criança (a linguagem da ternura e da paixão). In: _____. *Obras completas 4*. São Paulo: Martins Fontes, 2011[1933]. p. 111-121.

FREUD, S. On narcissism: an introduction. In: _____. *The standard edition of the complete psychological works of Sigmund Freud 14*. Trad. J. Strachey. London: Hogarth Press, 1975[1914]. p. 73-102.

_____. Mourning and melancholia. In: _____. *The standard edition of the complete psychological works of Sigmund Freud 14*. Trad. J. Strachey. London: Hogarth Press, 1975[1917]. p. 237-258.

_____. Beyond the pleasure principle. In: _____. *The standard edition of the complete psychological works of Sigmund Freud 18*. Trad. J. Strachey. London: Hogarth Press, 1975[1920]. p. 1-64.

_____. The ego and the id. In: _____. *The standard edition of the complete psychological works of Sigmund Freud 19*. Trad. J. Strachey. London: Hogarth Press, 1975[1923]. p. 1-59.

_____. Constructions in analysis. In: _____. *The standard edition of the complete psychological works of Sigmund Freud 23*. Trad. J. Strachey. London: Hogarth Press, 1975[1937]. p. 255-270.

_____. Splitting of the ego in the process of defence. In: _____. *The standard edition of the complete psychological works of Sigmund Freud 23*. Trad. J. Strachey. London: Hogarth Press, 1975[1938]. p. 271-278.

KLEIN, M. Early stages of the Oedipus conflict and of superego formation. In: _____. *The psychoanalysis of children*. London: Hogarth Press, 1975 [1932]. p. 123-148.

MINERBO, M. Núcleos neuróticos e não neuróticos: constituição, repetição e manejo. *Revista Brasileira de Psicanálise*, v. 44, n. 2, p. 65-77, 2010.

ROUSSILLON, R. *Agonie, clivage et symbolization*. Paris: PUF, 1999.

_____. Le processus hallucinatoire. In: _____. *Le plaisir et la répétition*. Paris: Dunod, 2001. p. 85-101.

_____. Ombre et transformation de l'objet. *Revue Française de Psychanalyse*, v. 66, n. 5, p. 1825-1835, 2002.

_____. *Paradoxos e situações limites da psicanálise*. Trad. P. Neves. Porto Alegre: Unisinos, 2006.

_____. *L'entreje(u) primitif et l'homosexualité primaire "en double"*. In: _____. *Le jeu et l'entre-je(u)*. Paris: PUF, 2008a. p. 107-134

_____. *Le transitionnel, le sexuel et la réflexivité*. Paris: Dunod, 2008b.

_____. L'empathie maternelle. In: BOTBOL, M.; GARRET-GLOANEC, N.; BESSE, A. (Dir.). *L'empathie au carrefour des sciences et de la clinique*. Montrouge: Doin, 2014[2010].

_____. Deux paradigmes pour les situations-limites: processus mélancolique et processus autistique. *Le Carnet Psy*, v. 161, n. 3, p. 37-41, 2012.

STRACHEY, J. The nature of the therapeutic action of psycho-analysis. *International Journal of Psychoanalysis*, v. 15, p. 127-159, 1934.

7. *Eu sou o mal*: pulsão de morte, destrutividade e retorno *do* estado anterior segundo René Roussillon

Luciane Falcão

Pensando a pulsão de morte com Freud[1]

Em "Além do princípio do prazer" (FREUD, 1920), texto complexo, por vezes ambíguo e sujeito a diferentes leituras, Freud especula sobre uma pulsão de morte cuja meta é o *retorno ao estado anterior*. Sua hipótese é a de uma pulsão de morte que combate aquilo que aumenta o estado de tensão e age silenciosamente na sua tendência destrutiva. Freud percebeu as evidências clínicas dos limites da teoria baseada no princípio do prazer e percebeu que a compulsão à repetição se fazia presente em muitas situações que iam *além* desse princípio.

O texto é tão importante para a psicanálise que serviu como ponto de partida para modificar os fundamentos da metapsicologia freudiana: abertura para a segunda tópica, modificação do

---

[1] Esse tema foi objeto de publicações anteriores da autora. Para mais detalhes, ver L. Falcão (2012, 2013, 2015).

conceito de masoquismo, modificação da teoria da angústia, reflexões sobre destrutividade e civilização, somente para citar alguns. De uma teoria (primeira tópica) na qual o prazer e o desprazer estavam relacionados ao aumento ou diminuição (econômico) de energia/excitação/tensão, Freud propõe agora uma reflexão sobre as origens da vida para dar conta de diversas organizações do psiquismo – posição já presente no "Projeto" de 1895.

Em 1930, ele afirma que não há uma pulsão de morte sem intrincamento com a pulsão de vida. Acrescenta que, mesmo quando essa pulsão surge sem qualquer intuito sexual, numa silenciosa fúria destrutiva, a satisfação da pulsão de morte se faz acompanhar por um alto grau de gozo narcísico, "devido ao fato de presentear o Eu com a realização de seus antigos desejos de onipotência" (FREUD, 1930, p. 144).

A *agressividade*, portanto, não se deveria somente à frustração relacionada ao princípio do prazer. Haveria algo de *demoníaco* nas manifestações, cuja meta seria a destruição – *a fúria destrutiva*. Essa pulsão agressiva estará presente no sadismo e no masoquismo. Freud dá nascimento à hipótese da aproximação do sadismo com a pulsão de morte, "a pulsão de morte, agora na forma de sadismo, passaria então a servir à função sexual" (1920, p. 174). Apoia-se, assim, nas intrincações e desintrincações da pulsão sexual, destino do componente sádico da libido em sua forma perversa, tendo a destruição como sua nova meta (GREEN, 2007).

Retorno ao *estado anterior*

Entender o que seria a tendência da atividade psíquica à supressão da tensão interna, um retorno a um *estado anterior*, não foi tarefa fácil para os leitores de Freud. Agora, uma "pulsão seria uma força impelente [*drang*] interna ao organismo vivo que visa a restabelecer um estado anterior que o ser vivo precisou abandonar devido à influência de forças perturbadoras externas" (FREUD, 1920, p. 160). Corresponderia à imobilidade inicial, o *"princípio de Nirvana"* (termo que ele adota a partir da sugestão da psicanalista inglesa Barbara Low), a uma inércia, ou seja, o nível zero de tensão – fundamento da pulsão de morte. Portanto, como restituição de um *estado anterior* e, em última instância, o retorno ao *absoluto repouso do inorgânico*, o retorno *ao inanimado*: "A tensão que foi gerada na substância até então inanimada buscava por todos os meios distensionar-se e desmanchar-se, e assim nasceu a primeira pulsão, a pulsão de retornar ao estado inanimado" (FREUD, 1920, p. 162).

Freud trabalha com a hipótese de que, "se todas as pulsões orgânicas são conservadoras, foram historicamente adquiridas e se direcionam à regressão e ao restabelecimento de um estado anterior, seria necessário pensar que a evolução orgânica se deve à *ação de forças externas perturbadoras e derivantes"* (FREUD, 1920, p. 161, grifo nosso). Mas a que força ele se refere? Minha tendência (FALCÃO, 2015) é pensar que propõe a existência de uma força que cria uma antítese maior, que *esquenta* e não destrói, rompe o equilíbrio da matéria inorgânica.[2] Isso se relaciona, creio eu, com a sua afirmação de que o *objetivo de toda a vida é a morte* (FREUD, 1920, p. 161) e que:

> *[...] o organismo não queira morrer por outras causas que suas próprias leis internas. Ele quer morrer à sua maneira, e, assim, também essas pulsões que preservam a vida na verdade foram originalmente serviçais da morte (FREUD, 1920, p. 162).*

---

2   Ver H. Maturana e F. Varela (1980).

Freud pensa que o objetivo final da vida seria o de alcançar:

> [...] *um estado antigo, um estado inicial, o qual algum dia o ser vivo deixou para trás e ao qual deseja retornar*[3] *mesmo tendo de passar por todos os desvios tortuosos do desenvolvimento.* [...] *Admitindo que todo ser vivo morre, ou seja, retorna ao estado inorgânico devido a razões* internas, *então podemos dizer que o objetivo de toda a vida é a morte, e remontando ao passado:* o inanimado já existia antes do vivo *(FREUD, 1920, p. 161, grifos nossos).*

Pulsão de morte e a destrutividade com René Roussillon: retorno do estado anterior

Roussillon propõe repensar a pulsão de morte em relação a vários de seus aspectos teóricos. Vejamos algumas dessas propostas. Em primeiro lugar, Roussillon (2000) pensa que Freud desenvolveu o conceito de pulsão de morte num momento em que se confrontava com uma ameaça que dizia respeito às bases da sua metapsicologia e da representação dos cuidados maternos que esta suporia. Ele lembra que Freud não negligenciou a importância do real e o peso do traumático. Mas a mãe, para Freud, até então, só seria *destrutiva* em fantasia. Como vimos, a ambiguidade do texto se faz presente.

Também concorda que a referência de Freud às *excitações exógenas traumáticas* se dirigem ao que vem de fora: é o ambiente primário que produz a ameaça. O objeto aqui não seria mais a

---

3 Poderíamos pensar na fantasia universal do *retorno ao útero* descrita por Freud?

pessoa que lhe dá segurança e acalmaria a excitação; ocorre o contrário, este objeto é a fonte das excitações traumáticas, é desorganizador. A *vesícula de substância excitável*[4] só teria uma saída: despojar a superfície das propriedades vivas. Então, encontraríamos a morte no *seu estado anterior*, mas não se trata mais de um estado anterior do biológico e sim do estado precoce de um sujeito que sofrera de uma pulsão de morte que se constitui numa compulsão a reviver essa agonia primitiva.

Em segundo lugar, nosso autor propõe que, para podermos analisar a pulsão de morte e seu lugar na economia do pensamento de Freud, é necessário que o exame dessa noção se faça junto aos fatos clínicos. O automatismo da repetição ou a compulsão à repetição observáveis na clínica ocorrem *além do princípio do prazer* (ou mesmo fora desse princípio). Encontraremos essa manifestação clínica nos distúrbios precoces: "Quando a vivência de prazer está ausente na relação, a criança não *encontra* prazer, não encontra *o* prazer, este será decomposto, o princípio do prazer é colocado *hors-jeu* e a própria autoconservação pode estar ameaçada" (GOLSE; ROUSSILLON, 2010, p. 54).

Em terceiro lugar, considera necessária a existência dos processos de desligamento para se pensar dialeticamente os processos de ligação. Aqui, os trabalhos sobre as formas e figuras do negativo (GREEN, 1984, 1993) são fundamentais. E, em quarto lugar, temos sua compreensão do *retorno ao estado anterior*. Ele questiona se esse retorno implicaria, necessariamente, uma radicalização em um estado pré-orgânico. Pensa ser mais pertinente a análise deste ponto em termos de um *retorno defensivo*.

---

4   No texto de 1920, Freud fala da *vesícula indiferenciada de substância excitável* – ele estava interessado nos estudos de Weismann sobre as células germinativas que declaravam imortais os organismos unicelulares.

Ou seja, entende o *retorno ao estado anterior* como uma defesa contra o *retorno do estado anterior* (retorno vivenciado passivamente, *automático*), uma vez que uma adaptação insuficiente do primeiro ambiente e dos cuidados maternos provoca, no bebê, estados de morte psíquica. Segundo ele, os traços mnésicos dessas *agonias primitivas* são submetidos a uma compulsão à repetição de tal ordem que não podem ser integradas e simbolizadas. Diante de uma ameaça de *retorno do estado anterior,* o psiquismo reage por um retorno que provoca uma regressão deliberada *ao* estado anterior. Roussillon afirma que a compulsão a simbolizar poderia, sob a égide desse retorno, permanecer sob a primazia do princípio do prazer e conduziria, na clínica de certos estados traumáticos, a dificuldades para reintegrar essa primazia do princípio do prazer. Ou seja, trata-se da questão do automatismo de repetição *além do princípio do prazer*.

Roussillon lembra que, segundo a teoria da realização alucinatória do desejo, fundamento do princípio do prazer, os traços mnésicos da satisfação são reinvestidos pelo movimento pulsional. Freud, em "Além do princípio do prazer", referindo-se às experiências traumáticas, dirá que a compulsão à repetição – ou seja, também o reinvestimento dos traços mnésicos – ocorre por meio de experiências nas quais não há traços de satisfação. Roussillon vai mais adiante e pensa que o sujeito alucina – no sonho ou além do sonho – as experiências que não foram satisfatórias nem do ponto de vista do Eu, nem do ponto de vista do Supereu, o que ultrapassa a abordagem clássica do masoquismo e da coexcitação libidinal, sendo também um *além do masoquismo*.

Portanto, para ele, a teoria freudiana da realização alucinatória do desejo é incompleta, insuficiente. Sugere que, se há um *além do princípio do prazer,* se há reinvestimentos das experiências que não comportam traços de satisfação, isso significa que *não é o prazer* que é o alvo dos reinvestimentos alucinatórios dos traços mnésicos. Pensando assim, propõe a ideia de que o princípio do prazer não seria mais o princípio fundamental do aparelho psíquico.

Reformula, portanto, a hipótese que levou Freud a afirmar a existência da pulsão de morte. Entende que o que é reinvestido alucinatoriamente são os traços mnésicos da *experiência do encontro com o objeto, quer este tenha sido satisfatório ou não satisfatório*. Há um efeito de marca – *empreinte* – da qual o sujeito não consegue se libertar. Afirma que, quando a experiência do encontro com o objeto é suficientemente satisfatória, o reinvestimento dos traços mnésicos dessa experiência se sobrepõe à realização alucinatória do desejo e se efetuará sob a primazia do princípio do prazer. Mas, quando insatisfatória, o reinvestimento alucinatório dos traços mnésicos dessa experiência dar-se-á fora do princípio do prazer.

Roussillon (2008) sugere que Freud não pôde pensar na hipótese de um encontro *não satisfatório* com o objeto uma vez que a sexualidade derivava da necessidade (autoconservação): a *teoria do apoio* (FREUD, 1905). Portanto, satisfeita a necessidade (corporal), consequentemente ocorre a experiência de satisfação. Pensa que saciar a necessidade orgânica não garante as condições de satisfação, porque o sujeito, mesmo desde seu início, não é somente um ser corporal. Haveria junto toda uma série de *necessidades psíquicas* ou *desejos psíquicos*.

Ou seja, sua ideia, já desde 1978, é que o apoio não se efetua sobre a necessidade corporal, mas sim na experiência do sujeito que depende das condições do encontro com o objeto numa época em que este ainda não havia sido descoberto como objeto exterior (ROUSSILLON, 1978). A teoria do apoio, na qual o objeto é necessário para garantir a autoconservação, não satisfaz às necessidades referentes à função primária do objeto. Para ele, "as características da relação primária com o objeto tenderão a se transferir na relação do sujeito com a atividade de simbolização" (ROUSSILLON, 2010, p. 129).

Essa proposta vincula-se ao fato de Roussillon considerar a diferença entre prazer e satisfação, entre prazer-descarga e satisfação subjetiva. O prazer-descarga não produz, necessariamente, o sentimento de satisfação. Este depende da existência de um compartilhamento de afeto, ou seja, "depende do prazer do objeto e não somente da descarga das excitações pulsionais ligadas à erogeneidade de zona, ou à diminuição das tensões ligadas à autoconservação" (GOLSE; ROUSSILLON, 2010, p. 55). Sua proposta será a de um *modelo de satisfação complexa*, cujos elementos estão presentes desde a *situação fundamental*[5] e que seguirão presentes no conjunto da economia do prazer e da satisfação (GOLSE; ROUSSILLON, 2010).

É a partir das modalidades da relação primária e da simbolização que poderemos detectar aspectos da experiência primária do encontro com os objetos. Para Roussillon, a presença da destruição das capacidades simbólicas nos conduz a pensar na presença de traumatismos precoces, vivências de destruição do objeto ou da destruição do vínculo com o objeto; assim, a indisponibilidade de palavras ou de material para simbolizar abre a questão da disponibilidade do objeto (ROUSSILLON, 2010, p. 145)

Sabemos que as ideias desse autor integram, de forma profunda, as de Winnicott (1969, 1971, 1979, 1988) em relação à utilização do objeto e lhe permitem pensar que a gênese da realidade do objeto não estaria ligada à percepção deste, mas sim à construção da sua concepção e à sua descoberta como outro-sujeito: "Perceber a mãe é uma coisa, concebê-la como outro-sujeito é outra coisa; colocar o

---

5   Referente às ideias de Jean Laplanche.

objeto no exterior de si próprio é uma coisa, reencontrá-lo como outro-sujeito, ou seja, sujeito de um desejo que lhe é próprio, é outra coisa" (GOLSE; ROUSSILLON, 2010, p. 28).

Roussillon (2009) reconhece que precisou de certo tempo para absorver a ideia de Winnicott de que a sobrevivência do objeto está relacionada com a destrutividade, principalmente a sobrevivência do objeto primário. Declara que foi preciso ter vivido uma *transferência amorosa intensa* para, então, compreender que o processo que Winnicott descrevia não estaria restrito à destrutividade manifesta, mas concernia ao conjunto da vida pulsional e de seu potencial destruidor. Passa, então, a dar-se conta de que a questão da sobrevivência do objeto – e todo o contexto teórico-clínico que implica – possui um *status* quase *estrutural*. Ou seja, a problemática da relação do sujeito com a sua vida pulsional está ligada às *respostas* e *reações* dos objetos significativos de sua infância e de sua história. Nesse sentido, segue a mesma linha de A. Green no que se refere ao sistema pulsão-objeto (GREEN, 2002b), na qual o objeto é um outro-sujeito e que "a pulsão de morte depende amplamente da resposta do objeto" (GREEN, 2002a, p. 321).

Roussillon propõe, então, articular a concepção de Winnicott sobre os modos da presença materna como *espelho* primário do sujeito com a problemática melancólica que Freud resume com a frase "a sombra do objeto recai sobre o eu". Nesta articulação, sublinha que, em "Luto e melancolia" (FREUD, 1917), Freud dá importância à decepção originada no objeto no processo da melancolia; pensa que uma das primeiras decepções, e sem dúvida uma das mais fundamentais, é a de não encontrar no objeto um eco suficiente para as suas demandas (do bebê). A *sombra do objeto* concerne então àquilo que falha na função espelho deste objeto, suas falhas cegas. A sombra é aquilo que, do objeto, não envia nada ao sujeito de si próprio; é a ausência de eco que constitui a *sombra* do objeto e está na origem dos pontos de não diferenciação sujeito-objeto (ROUSSILLON, 2009).

Em 1999 (ROUSSILLON, 1999), formula a hipótese de que, no lugar da instauração de um *sentimento de ser* fundado na afirmação *eu sou o seio*[6] (FREUD, 1938), a criança pequena, submetida às formas de hostilidade primária, funda sua identidade na forma *eu sou o mal*. Segundo ele, a destrutividade observada nas patologias do narcisismo devem estar relacionadas com essa forma de *posição existencial* de base na qual o sujeito se constrói.

Para ele (ROUSSILLON, 1999; 2008; 2009), certos aspectos da expressão da destrutividade, que caracterizam as problemáticas *narcísico-identitárias* (tipo de sofrimento que se dedicou extensivamente a compreender clínica e teoricamente), poderão ser interpretados desde que se considere que uma parte do tornar-se processo psíquico depende da interpretação que o *outro-sujeito* (aquele a quem ele se dirige) aporta ao processo, ou seja, a sua resposta.

Ainda segundo Roussillon, o não investimento dos objetos *atuais*, no presente, resultaria de um reinvestimento maciço das primeiras condições do encontro com o objeto. Seria essa uma das modalidades do *retorno do estado anterior*.

Encerrando este capítulo desta homenagem a René Roussillon, gostaria de expressar o meu reconhecimento pelo valor teórico-clínico de tudo o que criou. Sua capacidade de *jogar, brincar, movimentar-se,* "*dançar*" a partir do entrelaçamento da metapsico-

---

6 "As crianças gostam de expressar uma relação de objeto por uma identificação: Eu sou o objeto. Ter é o mais tardio dos dois; após a perda do objeto, ele recai para ser. Exemplo: o seio. O seio é uma parte de mim, eu sou o seio. Só mais tarde: Eu o tenho – isto é, eu não sou ele" (FREUD, 1939, p. 335).

logia com suas capacidades clínicas faz de sua obra uma referência para todos os psicanalistas da atualidade. Esse modelo de entrelaçamento basal estimula nosso trabalho como psicanalistas. *Merci, cher ami!*

Referências

GOLSE, B.; ROUSSILLON, R. *La naissance de l'objet*. Paris: PUF, 2010.

GREEN, A. Pulsión de muerte, narcisismo negativo, función desobjetalisante. In: _____. *La pulsión de muerte*. Buenos Aires: Amorrortu, 1998[1984].

_____. *Le Travail du Négatif*. Paris: Les Éditions de Minuit, 1993.

_____. La mort dans la vie. In: _____. *La pensée clinique*. Paris: Odile Jacob, 2002a.

_____. Intrapsychique et l'intersubjectif. Pulsions et/ou relations d'objet. In: _____. *La pensée clinique*. Paris: Odile Jacobs, 2002b.

_____. *Pourquoi les pulsions de destruction ou de mort?* Paris: Ed. Du Panamá, 2007.

FALCÃO, L. A pulsão de morte na dinâmica transferencial. *Revista de Psicanálise da SPPA*, v. 19, 2012. p. 123-153.

_____. Primordial anxiety, drive, and the need for the progressive movement. In: ARBISER, S.; SCHNEIDER, J. *On Freud's "Inhibitions, Symptoms and Anxiety"*. Cap. 4. London: Karnac, 2013. p. 142-154.

_____. Death drive, destructive drive and the desobjectalizing function in the analytic process. *Int. J. Psychoanal.*, v. 96, n. 2, p. 459-476, 2015.

FREUD, S. Projeto para uma psicologia científica. In: _____. *Edição Standard Brasileira das Obras Psicológicas Completas de Sigmund Freud I*. Rio de Janeiro: Imago, 1977[1895]. p. 381-518.

_____. Três ensaios sobre a teoria da sexualidade. In: _____. *Sigmund Freud*: obras completas. São Paulo: Companhia das Letras, 2016[1905]. v. 6. p. 13-172.

_____. Luto e melancolia. In: *Sigmund Freud, Obras completas 12*. São Paulo: Companhia das Letras, 2010[1917]. p. 170-194.

_____. Além do princípio do prazer. In: _____. *Escritos sobre a Psicologia Inconsciente 2*. Rio de Janeiro: Imago, 2006[1920]. p. 123-198.

_____. O mal-estar na civilização. In: _____. *Edição Standard Brasileira das Obras Psicológicas Completas de Sigmund Freud XXI*. Rio de Janeiro: Imago, 1977[1930].

_____. Achados, ideias e problemas. In: _____. *Edição Standard Brasileira das Obras Psicológicas Completas de Sigmund Freud XXIII*. Rio de Janeiro: Imago, 1977[1938]. p. 335-336.

MATURANA, H. R.; VARELA, F. J. *Autopoiesis and cognition*: the realization of the living. Boston: D. Reidel Publishing Company, 1980.

ROUSSILLON, R. *Du paradoxe incontenable au paradoxe contenu*: thèse pour le Doctorat de 3ème cycle de Psychologie. Paris: Université Lyon II/Lumière, 1978.

_____. *Agonie, clivage et symbolisation*. Paris: PUF, 1999.

_____. Paradoxes et pluralité de la pulsion de mort. In: GUILLAUMIN, J. et al. *L'invention de la pulsion de mort*. Paris: Dunod, 2000. p. 71-87.

_____. *Le transitionnel, le sexuel et la réflexivité*. Paris: Dunod, 2008.

_____. La destructivité et les formes complexes de la "survivance" de l'objet. *Revue Française de Psychanalyse*, v. 4, p.1005-1022, 2009.

_____. La fonction symbolisante de l'objet. In: _____. *La naissance de l'objet*. Paris: PUF, 2010. p. 127-147.

WINNICOTT, D. W. *La crainte de l'effondrement et autres situations cliniques*. Paris: Gallimard, 2000[1969].

_____. *O brincar e a realidade*. Rio de Janeiro: Imago, 1975[1971].

_____. *O ambiente e os processos de maturação*. Porto Alegre: Artes Médicas, 1982[1979].

_____. *La Nature Humaine*. Paris: Gallimard, 1990[1988].

8. Agonias corporais em busca de simbolização[1]

Jani Santamaría Linares

Tradução: Renate Pereira

> *A pele, de não roçar em outra pele, vai se rachando...*
> *Os lábios, de não roçar em outros lábios, vão se secando...*
> *Os olhos, de não olhar outros olhos, vão se fechando...*
> *O corpo, de não sentir outro corpo perto, vai se esquecendo...*
> *A alma, de não se entregar com toda a alma, vai morrendo.*
> "A pele", Bertolt Brecht (1997)

A clínica psicanalítica dos pacientes somáticos é multifacetada e complexa. Escrever sobre pacientes com temas relacionados ao corpo propõe problemas de grande interesse teórico-clínico e pressupõe, desde o início, navegar águas agitadas, enfrentar pontos de extravio que provocam inquietude e nos impulsionam à busca de possíveis respostas novas diante de um grande número de perguntas.

---

[1] Caso clínico apresentado no 31º Congresso Latino-americano de Psicanálise (Federación de Entidades Psicoanalíticas de América Latina – Fepal), Cartagena, 2016.

Embora ao longo de toda a obra freudiana não se mencione a palavra "psicossomática", Freud contribuiu ao desenvolvimento das bases para o estudo desta patologia. Em 1893, escreveu:

> As pernas da senhorita Elizabeth Von R começaram a "participar da conversa" durante nossas sessões de análise... e a partir de então, já não somente as pernas, mas ainda de forma mais atrevida, todo o corpo – sensitivo, passional e falante – intrometeu-se na cena psicanalítica e ainda hoje, com menor ou maior alvoroço, continua a participar da conversa (p. 163).

Classicamente, definiu-se "psicossomáticas" como uma série de enfermidades nas quais o dano somático brota a partir de um conflito psíquico não reconhecido como tal pelo sujeito (FISCHBEIN, 2012, p. 129); a patologia seria o efeito da cisão mente/corpo. Durante muito tempo, utilizou-se o modelo interpretativo da histeria para o tratamento da psicossomática.

O primeiro problema que enfrentamos quando pensamos na abordagem técnica se refere a pensar no propósito da análise. Ferro (2015 apud LEVINE, 2016), afirmou que o propósito da análise se refere a trabalhar não tanto na obtenção de um *insight* ou no trabalho da cisão, recalcamento ou reconstrução histórica, mas sim no desenvolvimento de um instrumento para pensar (p. 512). Esse tipo de paciente nos convida a examinar e buscar novas ideias. Uma dessas novas ideias é representada pelo pensamento de René Roussillon.

René Roussillon pertence à segunda geração de analistas franceses a desenvolver uma integração teoricamente coerente de muitos dos conceitos de D. Winnicott, como o papel do objeto externo no desenvolvimento da capacidade de simbolização, no processo de constituição subjetiva e nos paradoxos.

Também expandiu a analogia de "meio maleável", de Marion Milner, para descrever as funções exercidas pelo objeto e renovou o que se poderia chamar "os fundamentos da psicanálise", já que estudou a fundo o crucial momento metapsicológico de Freud de 1920.

Realizou uma revisão sobre as noções de trauma primário e secundário, simbolização primária e secundária, que ele chamou de "metapsicologia dos processos", e desenvolveu o valioso conceito de simbolização primária, processo de construção das "representações-coisa", que é o resultado das ligações das primeiras inscrições no psiquismo em desenvolvimento. Compulsão à repetição, transferência paradoxal, princípio de prazer e transicionalidade são conceitos que acompanham a sua obra.

A partir do trabalho com pacientes que apresentam fragilidades narcisistas, referidas como "sofrimento de identidade narcisista" (também conhecido como pacientes de situações limite), Roussillon menciona que a patologia psicossomática é uma característica deste quadro clínico. O autor (1995a, 1995b, 2010) observou a compulsão ao repetir experiências, principalmente do trauma primário, devido ao fato de que o sujeito que não tem outra forma de simbolização além de apoiar-se sobre o afeto, a mímica, os gestos e sobre as agoniar corpóreas.

Desde outro ângulo, Botella e Botella (2001, p. 17) propõem que o trabalho da figurabilidade do analista, produto da regressão formal de seus pensamentos na sessão, parece ser o único meio de acesso a esse "traço mnêmico primário, que é: a memória sem lembranças" (BOTELLA; BOTELLA, 2001, p. 17).

Segundo Levine (2016), o que cada um desses autores enfatiza é a necessidade de construir uma metapsicologia que ofereça ao analista duas pistas ou trilhos da psicanálise: um transformacional e um clássico arqueológico.

Abranger a revisão de todos os conceitos de Roussillon e de outros valiosos pensadores, excede o objetivo desta apresentação.

Meu modo de entrar nesses temas é por meio da clínica: o caso clínico que me proponho a discutir neste trabalho me permitiu correlacionar as ideias desses autores e me levou a reconhecer, na prática, a vigência sobre as agonias corporais em busca de simbolização. Como expressa Rache (2015), encontrei nesses autores a difícil combinação que buscava: uma clínica sensível, enraizada em uma profunda leitura teórica de Freud.

O caso clínico será o ponto de partida, todas as questões teóricas serão intimamente articuladas à experiência emocional com Emilia e é a partir dessa experiência, que coincido com Levine (2016) que aponta para a ferramenta técnica que favorece o trabalho do analista com esse tipo de pacientes, bem como a transferência e contratransferência, que se refere à transformação (BION, 1962) da "figurabilidade" e "ideogramas" (BION, 1957) que o analista experimenta no processo. Tal como já mencionado por outros autores (BION, 1957; LEVINE, 2013; ROUSSILLON, 1999, entre outros), essas imagens estão ligadas a certos aspectos não representados da mente; por isso, insisto que o analista deve ser sensível à transformação e deve ser um objeto que promova a simbolização.

Roussillon argumenta que, com pacientes que sofrem de trauma primário e estão detidos em vários níveis no uso do objeto, o analista deve agir como *une bonne pâte* (uma boa massa ou argila), que permite ao paciente modelar o analista e brincar com ele como se fosse uma "boa massa" (ou argila).

* * *

Entremos na sala de análise e deixemos que Emilia fale por si mesma.

Conheci Emilia há mais de três anos. Recebo uma jovem de 21 anos (agora 24) que está cursando um mestrado no exterior, veio ao México por um tempo para trabalhar e voltará para terminar o último ano de estudo.

Menciona que os problemas começaram quando ela foi viver no exterior, com 15 anos, e deixou tudo o que considerava valioso aqui, acrescentando que, desde então, "perdeu" a menstruação e tem atrasos de até cinco meses; fizeram exames médicos, mas ela não tem nenhum problema de natureza física. Problemas com o corpo foram tomados como razão para a consulta, mas apresentou uma espécie de "alienação", como se o corpo não lhe pertencesse.

Ela procurou um médico por apresentar alergias, também sentia dificuldade para respirar; o pai pensava que tudo se resolvia "por força de vontade", apesar da evidência de uma depressão/melancolia crônica e de uma anorexia grave, Emilia não estava ciente daquele "corpo-mente quebrado". Ela apenas chorava e dizia recorrentemente: "Estou cansada, estou muito cansada". A consciência da "perda de si mesma", além da mudança geográfica, estava longe de ser tocada emocionalmente.

Entre os dados mais relevantes, menciona: "Quando eu nasci, eu nasci com um problema no pé esquerdo, me colocaram uns aparelhos nas pernas, que os usei de 1 ano e meio até 4 anos de idade, eu não acho que isso me afetou, ia à escola com os aparelhos e quando eu entrei na 1ª série já não os usava mais".

Guarda rancores e grande ressentimento da irmã mais velha (cinco anos mais velha), de quem lembra, com ódio, depender de maneira absoluta. Diz "Minha independência dela foi ao entrar na escola primária quando comecei a jogar outro esporte, aí que mudou minha vida, pois era (sou) muito melhor que ela. Antes disso, ela era melhor em dois outros esportes e em tudo o que fazíamos, mas depois mudou e eu era a melhor de todos; com meu irmão (três anos mais novo) isso nunca aconteceu".

Aos 6 anos ela teve uma tentativa de psicoterapia por causa do seu caráter apático, irritável. Descreviam-na com baixa tolerância à frustração. Ela menciona que constantemente brigava com a mãe por causa da "rivalidade" com a irmã mais velha. Desde cedo, havia indicações claras de erupções de lava (de emoções) transbordando de quaisquer vulcões-continente (BION, 1962).

Emilia mantém uma excelência acadêmica desde pequena, teve dois relacionamentos de namoro, embora sem ter iniciado uma intimidade sexual. Existia uma espécie de repúdio à vitalidade pulsional e organizava sua vida em torno de rotinas, experimentando intensos estados de angústia caso essas rotinas se interrompessem. A fonte principal de estímulos afetivos e o crescimento mental estavam paralisados. Em geral, dizia não se sentir "nem daqui [do México] nem de lá [do exterior]".

Sem dúvida, esses primeiros dados estabeleceram as bases para tudo o que aconteceu depois. Os "traumas primários" causaram impacto na primeira estruturação do aparelho psíquico, antes que a linguagem pudesse estar disponível, tal como mencionado por Roussillon (2001). A acumulação de traumas em Emilia terminou produzindo um efeito desorganizador que se expressava por uma agonia corporal. Tudo parecia indicar que o único recurso psíquico que encontrou foi o de separar-se e isolar-se da experiência; como menciona Roussillon (2010), não se tratava de uma cisão do ego, mas sim de uma cisão no seu si mesmo.

Esse primeiro encontro provocou em mim sentimentos muito contraditórios. Encontrava-me frente a vestígios de restos corporais que tiveram um êxito parcial ao sobreviver em uma personalidade. Repassei minhas reações contratransferenciais e observei que, apesar da quantidade de informação que eu recebia, eu ficava com a sensação de estar frente a alguém que estava "seca".

Encontrei-me com uma jovem "virgem", que nunca tivera relação sexual. Esse fato estava em sintonia com nosso encontro, já que, ao não apresentar consciência de realidade psíquica, pensava que eu também não ia poder penetrar esse mundo psíquico tão fechado (concreto), com uma linguagem cuja voz encarnava um corpo quebrado e com uma comunicação que somente se expressava pelo choro e pelo cansaço. Emilia não sentia "apetite" pela vida, me lembrava a descrição de "anorexia de viver" de Green (1986), que se refere a momentos em que a função desobjetalizante é a que governa a atividade psíquica.

O pensamento operatório (MARTY, 1992) e os sintomas físicos tão alarmantes, por alguns momentos, faziam-me perguntar se a ferramenta técnica que sugeria seria a adequada.

Outros médicos lhe indicaram tomar antidepressivos; a mãe a levou a todo tipo de exames médicos para justificar a ausência da menstruação, mas não encontraram nenhuma alteração hormonal nem anatômica que desse conta de seu padecer físico; seu corpo funcionava como uma prisão, onde aquele que trancava a vitalidade chorava.

Decidimos iniciar um compromisso terapêutico. Ela aceitou com muito trabalho a frequência de três sessões por semana e não aceitou o uso do divã.

Sempre senti uma enorme tristeza ao lembrar de sua história, um fluxo de imagens brotava, aparecia em mim a imagem de uma menina pequenina sozinha, caminhando com uns aparelhos nas pernas e uns olhos tristes. Essas imagens me acompanharam de maneira frequente durante e depois de algumas sessões e apareciam em seus momentos mais difíceis.

Os primeiros nove meses representaram um verdadeiro desafio: Emilia chegava sempre pontualmente, chorava muito, era hermética, tinha de "lhe arrancar as palavras", queixava-se de tudo, como de não poder ir ao clube esportivo por ter de ir às sessões, não entendia o sentido de "ter de falar", expressava que comparecer às sessões lhe parecia piorar, que cada vez saía da sessão mais cansada e queria somente dormir, acrescentava que chorar lhe "mexia as lentes de contato" e lhe irritava os olhos.

A distorção dos filtros perceptuais dela desvalorizava sistematicamente qualquer intervenção minha que apontasse o estabelecimento de um diálogo entre o corpo e seus estados emocionais. Tentei todas as rotas interpretativas possíveis e, se eu fizesse alguma referência à dinâmica da transferência, ficava chateada e me dizia: "O que que tem isso? Para que serve?".

Da mesma forma que Ulisses na *Odisseia*, eu me abraçava ao mastro da realidade psíquica para evitar ser arrastada pelo canto da concretude.

Observava um ar sereno de arrogância. Emilia se sentia poderosamente intocável no seu isolamento e parecia valorizar este sentimento de ser "imune às vulnerabilidades humanas" mais que tudo na sua vida. Em certas ocasiões, lembrava-me do artigo de Freud sobre os pacientes excepcionais (1916), sua atitude comunicava o que o autor escreveu: "Que a vida lhes deve". Essa qualidade de "intocável" se reflete na sua sintomatologia. Eu estava consciente de que, em ocasiões, eu buscava explicações teóricas como uma espécie de bálsamo, com o objetivo de não me afogar num mar da impotência.

Sob este clima, as sessões, para mim, também eram muito cansativas, me sentia frente a uma pedra, batendo e batendo na tentativa de possibilidades de pensamento, com a esperança de produzir alguma gota de água (de associação livre). Tudo transcorria em um tempo presente, e ela considerava inútil recordar aspectos do passado, somente marcava a materialidade dos fatos.

As sessões pareciam organizar-se em uma luta contra a dependência de mim e da análise e, ao mesmo tempo, existia uma luta entre a minha função analítica e uma parte dela, que lutava por convencer-me de que minha proposta do método não servia para nada. Essa situação de transferência-contratransferência gerava em mim momentos de fadiga e de preocupação; no entanto, apesar deste aparente "vazio transferencial", uma parte estava se preenchendo e, apesar das queixas e da maneira tão mecânica de participar, algo estava se mexendo, algo estava penetrando. Isso se manifestou até o décimo mês, quando observei que Emilia estava ganhando um pouco de peso. Continuava magra, mas seu rosto recuperava alguma luz: esse foi o primeiro ponto que pude constatar clinicamente. Ela chega à sessão, começa a queixar-se e a dizer que, como tem de vir à terapia, está aumentando de peso porque não pode ir à academia.

Estava furiosa, reclama que já ganhou dois quilos, que as pessoas começam a lhe dizer que estava muito bem, mas que ela estava muito chateada porque aquilo podia ser o início de um ganho maior de peso. Digo-lhe: "Parece que você sente que eu te engordei".

Chateada, diz: "Sim, algo você fez que eu estou engordando! Por vir aqui, já não tenho tempo de fazer exercício e me dá medo continuar aumentando de peso, as pessoas me falam que mudei muito, que me veem diferente, em todos os lados festejam a minha mudança e eu quero morrer só de pensar que não poderei parar, vou continuar engordando, já nem sei como me vejo".

Pergunto-lhe: Incomoda ver que você está viva?

Ela me responde surpresa: "Como?".

Respondo-lhe: "Sim, antes você estava seca; agora, você se vê viva".

Emilia me olha surpresa (eu também me surpreendo um pouco, pela minha observação tão direta) e acrescento: "Será que você se assusta em pensar que seu corpo está participando das suas sessões e de seu crescimento – apesar de você?".

Ela muda de chateação para choro, e diz "É que já estou cansada, tenho medo de não poder parar, de não poder me controlar, de verdade, estou cansada, muito cansada".

Sua cara estava inchada por causa do choro, seu olhar tão triste me trouxe o cenário da menina: novamente a imagem dessa menininha andando com aparelhos em suas perninhas, a pequena está cansada, chora, está triste e sozinha.

Observar durante algum tempo a sua dor psíquica possibilitou que a dor psíquica olhasse dentro de mim. Então lhe disse: "Entendo seu cansaço, Emilia, parece que desde que você nasceu você teve que fazer um grande esforço extra para viver, para caminhar. Vejo em você uma pequena que está cansada de caminhar sozinha, lhe doem muito os pés, sua única linguagem é o choro! Necessitará um abraço? Uma mão que a acompanhe? Que dor tão grande você sente! Você a sente?".

Ela me observa fixamente, guarda silêncio, seus olhos pareciam entender minha mensagem, relaxa a posição corporal rígida em que normalmente está, não diz nada, encosta-se na poltrona e continua chorando até terminar a sessão.

Fico me sentindo muito cansada, mas, ao mesmo tempo, tenho a sensação de que, finalmente, algo tinha se quebrado e, simultaneamente, algo tinha se unido.

Alguns dias depois, a mãe de Emilia me liga expressando preocupação porque a filha não fez exercício e ficou dormindo e chorando todo o fim de semana.

Durante um longo período de sessões, guardava silêncio, chorava, o mais relevante dessa turbulência emocional era um aroma de silenciosa cumplicidade, era como se ela soubesse que eu já havia visto aquela "menina cansada" que vivia nela, e isso a tranquilizava. As experiências subjetivas que precederam a aparição da palavra, como o choro e o sensorial (elementos beta) foram contidas e transformadas numa linguagem de intimidade, os elementos alfa pareciam armazenar-se no domínio do mental (BION, 1962).

Semanas depois, quando entrou no consultório, vi-a diferente, sorriu um pouco e me disse: "Aconteceu um milagre, já me desceu, voltou a minha menstruação!"; desapareceram os sintomas de alergias e a irritação na pele, aconteceu uma mudança no ambiente terapêutico: ainda não sentia seu corpo como próprio, mas começava a observar que este era agradável aos homens. Chega uma temporada de muitos convites sociais, a libido começa a ser a protagonista principal das sessões, Emilia começa a sorrir.

A pobreza do discurso e o sentimento de inércia que impregnavam as sessões adquiriram uma paisagem da qual emergia uma cachoeira de temas, os afetos funcionavam como sinais para serem processados pela mente, para serem pensados.

Iniciou uma relação de namoro poucos meses antes de voltar ao exterior. Combinamos que continuaríamos a experiência emocional via Skype durante três meses.

A seguinte vinheta se passa três meses depois, no consultório. Quando a recebi, deu-me um abraço, o que contrasta com as antigas formas de cumprimento "frios e formais". Contou que os pais chegaram tarde para buscá-la no aeroporto e não ficou chateada, como antes teria ficado; expressou medo de que o namorado a abandonasse, "posso estar feliz com ele, mas se chega outra pessoa, me altero e agora penso que ele prefere seus amigos a mim".

Eu lhe faço lembrar a cronicidade triangular desse sentimento, ela o reconhece "sim, é verdade, agora vejo com clareza, não quero ser assim, já tolero mais as falhas de meus pais, não fiquei brava desta vez quando chegaram tarde no aeroporto; vejo muitas coisas em mim que antes não via, mas ainda não sei como mudá-las".

Observei uma mente que funcionava como um farol na busca de indagação. Esse foi um momento do trabalho no qual Emilia começou a ampliar com maior êxito o vértice da observação de seu discurso, o corpo de Emilia deixou de dar as costas à psique e ela continua nesse processo vital. Como menciona Levine (2016), a meta das intervenções do analista é dirigir-se mais para facilitar um funcionamento psíquico do que recuperar uma memória perdida ou descodificar um elemento recalcado.

Nós nos reunimos na última sessão antes de voltar a estudar no exterior, mas ela atrasa a volta e me pede sessões extras. Expressa um medo grande à separação, e decidiu voltar para o México assim que completasse seus estudos.

Perguntou-me sobre a continuidade do processo e expressou seu medo de que o namorado "não tolere a distância", trabalhando a partir da transferência esse temor a ser abandonada. "Outro dia tive um sonho", menciona, "não me lembro de tudo, eu procurava a minha mãe mas não a *encontrava*", associa, "acho que apaguei muitas pessoas da minha vida quando me chateio e me dá medo que agora façam o mesmo comigo". Terminou a sessão, ela me deu um abraço, ficou uns minutos abraçada chorando e pela primeira vez me disse: "Obrigada, Jani".

Emilia começava a ter a capacidade de enfrentar lutos. Roussillon escreveu: "A melancolia implica uma forma de fazer o luto do objeto, a pessoa deve ser capaz de simbolizar, mas para ser capaz de simbolizar, tem que ter conseguido fazer o luto" (2013[2000], p. 224).

O fato de experimentar prazer com o objeto primário e a necessidade de que o objeto (analista) exercesse uma função simbólica foram algumas das precondições que ajudaram Emilia a iniciar um processo de simbolização primária de experiências.

> *Simbolização primária é o traço mnêmico perceptivo que vai unido ao traço sensorial e motriz do impacto do encontro do sujeito com um objeto que começa a ser diferenciado, mal identificado, que mistura parte do sujeito com parte do objeto, na possibilidade de ser colocado num cenário suscetível de "converter-se em linguagem", pode assim ser narrada a outro sujeito, ser compartilhada e reconhecida por outro, integrando-se na subjetividade (ROUSSILLON, 2001, p. 231).*

O sonho pode ser comparado ao jogo de Fort-da (jogo do carretel) que menciona Freud em 1920. Como propõe Laplanche (e como conta Levine em comunicação pessoal de 2017), o carretel é o símbolo materno e a criança necessita ter este símbolo para poder lançá-lo; e, ao lançá-lo e dizer "Fort", a criança realiza uma simbolização secundária porque a palavra mantém o objeto interno com o carretel. Tal simbolização mostra o desenvolvimento progressivo da estrutura psíquica: objetalização no lugar de desobjetalização.

Continuamos trabalhando durante sete meses por Skype. Atualmente, ela está no México e começamos a usar o divã. Meses depois de iniciar o uso do divã, ela começou a se sentir muito angustiada, sentia que, ao deitar no divã, "se perdia e ia para um buraco" e que não ia poder voltar outra vez à realidade.

O medo que inundou a sessão, era um temor frente a um acontecimento que ela sentia que estava por ocorrer, não podia defini-lo, mas sentia que tudo o que tínhamos construído podia se quebrar, estávamos no território dos traumas precoces.

Emilia chegou à sessão, se deitou no divã e começou a chorar por ter terminado o namoro. Não consegue trabalho e sente que está decepcionando o pai porque não consegue êxito profissional; reaparece o ânimo melancólico e sem esperança.

Relacionei o desamparo e o sentimento de decepção ao nascer na transferência: agora sente comigo, que me decepciona ao não ser "perfeita", por não ter um trabalho. Sentou-se no divã, sem poder deter o choro, e observei que seu olhar estava em outro lugar.

Disse-lhe: "Onde você está, Emilia? Leve-me para aí"... Emilia respondeu: "Não sei, não sei onde estou, mas já quero sair, não posso caminhar, não posso me mexer, algo ruim vai acontecer".

Respondi-lhe: "Será que isso que tem medo de que aconteça não teria já acontecido?".

O medo do colapso proposto por Winnicott (1982)[2] tinha invadido o lugar do cenário transferencial. Esses traumas primários não foram objeto de representação, tinham deixado marcas e seguiram lutando até que conseguiram se recadastrar. A simbolização primária começava a transformar as agonias corporais em experiência, começava a aparecer um espaço para a apropriação subjetiva.

Trabalhamos na transferência, no aqui e agora (LEVINE, 2016), a natureza do trauma precoce que lhe tinha provocado o colapso original. Ela expressou "já posso caminhar, mas sempre sinto que tudo o que consegui eu voltarei a perder, não sei onde estavam meus pais, eu me lembro de colocar e tirar os aparelhos sozinha, não lembro deles comigo, estou sozinha, as minhas pernas doem".

Segundo Roussillon (2013[2000], p. 228), "os primeiros processos de transformação no sensorial devem ser reconhecidos e avaliados na relação com um objeto significativo da primeira infância": a simbolização primária começava a transformar a matéria-prima em experiência.

Emilia terminou o relacionamento com o namorado e atualmente estamos envolvidas no processo de aprender com essa experiência. Pediu-me uma quinta sessão e, utilizando nossa "capacidade negativa" (KEATS, 1982, p. 69), observamos que o corpo, como ponto de partida, se transforma gradualmente em universos de pensamentos que brotam, que se iluminam e palpitam por adquirir vida própria.

---

2   Winnicott menciona no artigo: "Nós precisamos usar a palavra colapso para descrever esse estado de coisas impensáveis que estão sob a organização das defesas. Note-se que, no âmbito dos fenômenos psicóticos, examinamos um colapso do estabelecimento de *self* unitário" (p. 273).

Discussão e considerações finais

Como menciona Eigen (2014): "Trabalhar com a loucura e o trauma exige fé". Realizamos uma clínica de trauma, sequelas traumáticas, agonias do corpo e processo de simbolização. A primeira defesa que Emilia encontrou diante do trauma foi separar-se de si mesma e do seu corpo. O segundo nível de defesa foi organizar uma luta contra a dependência e contra a busca interna de um eu ideal tirânico. Emilia, nessa forma narcisista de funcionar, tinha tentado "neutralizar/matar" (ROUSSILLON, 2008) a vida instintiva, de modo que o trauma não se repetisse. Assim diz Roussillon (2008, p. 21) ao descrever essa forma narcísica de defesa: "Clivagem mais neutralização seria o equivalente, para os estados narcisistas, de recalcamento mais conversão na histeria e nos estados neuróticos de forma mais geral".

McDougall (1976) afirma que, em casos de fragilidade narcisista, a conservação da identidade torna-se uma necessidade psíquica primordial equivalente aos instintos de autopreservação de nível biológico.

No processo de Emilia, as articulações transferenciais mostraram bem o medo da decepção na transferência, por não ser a "paciente perfeita", sendo esse o elemento disparador do medo ao colapso. Ressalto que, durante os longos períodos de dor e desesperança, nunca perdi contato com o inquebrantável impulso desta paciente por sobreviver, qualquer que fosse o preço. Isso foi o que deu um estímulo poderoso para a análise desde o início, de alguma forma sabíamos que tínhamos de experimentar o que é temido.

Com apoio nos desenvolvimentos propostos por Roussillon, sustenta-se que a compulsão à repetição (FREUD, 1920) – a tentativa da psique de expulsar conteúdos tóxicos – é também uma "compulsão de integração" (ROUSSILLON, 2010), em que os ideogramas (BION, 1957) e as imagens que apareciam na mente do analista produziram um movimento integrativo. Nesse sentindo, alguns gestos, ações e sentimentos de Emilia me guiaram até a história de como ela sentiu que o meio lhe tinha falhado e me mostraram, dessa forma, os efeitos nocivos de tais falhas no seu funcionamento mental. Essa observação clínica levou Roussillon (2001) a concluir o seguinte:

> *Enquanto menos efetivas forem as simbolizações primárias e secundárias e enquanto os traços internos dos objetos (traços de memória perceptivas, traços de memória de representação-coisa e traços de memória de representação-palavra) tendam a se comportar internamente como os objetos históricos se comportavam em si mesmos, mais estaremos perto da alucinação, da compulsão a repetir o idêntico e da zona traumática (p. 123).*

A *rêverie* e a função de continente (BION, 1962) recolheram as impressões sensoriais: o choro e as agonias corporais foram a matéria-prima que permitiu a Emilia iniciar um trabalho de simbolização. O conceito de "meio maleável", de Marion Milner (1952), Roussillon usou como uma expressão que emoldurava suas observações clínicas e o ajudou a entender como a criança usava o objeto primário para estabelecer um objeto interno que pode tanto destruir como encontrar à sua volta. É o destruído-encontrado que também pode estar em sua psique. Esse processo foi primeiramente descrito por Winnicott e, em seguida, foi nomeado "processo de destruído/encontrado" por Roussillon.

Em resumo, esses conceitos estão interligados de múltiplas formas e são conectados na medida em que esses autores enfatizam que o caminho de si mesmo para si mesmo passa pelo outro, por esse primeiro outro que é geralmente a mãe.

Retornando a Emilia: atualmente, a mente floresce em sintonia com o funcionamento somático; de forma gradual, transformou a raiva narcisista de um "depender absoluto" em um processo de "apropriação subjetiva" (ROUSSILLON, 2010); já não sente a necessidade de ocupar o lugar da irmã, nem o desejo de "ser a irmã", nem o desejo de negar a irmã.

Concordo com Rache (2015) quando diz:

> *Em cada nova organização da subjetividade, em cada modo de interiorização e tratamento da vida instintiva serão implicados limites próprios: conflitos específicos, frustrações, angústias particulares que, contudo, também são potentes motores de mudanças, em que os fatores externos atuam num processo dialético com os fatores internos (p. 139).*

As imagens da menina Emilia sozinha, andando com aparelhos nas pernas, desvaneceu-se – às vezes se dilui e se mistura com outras imagens de meninas que entram e saem da conversa analítica. Esses diálogos internos estão presentes e adquirem voz no movimento da narrativa. A transformação não é um salto que se alcança de uma vez só, nem é um ponto de chegada, mas, por ora, Emilia consegue se acercar da janela, uma jovem que está caminhando até um lugar. É uma jovem que está caminhando em direção ao centro de si mesma para descobrir-se e apreciar-se como uma mulher.

Referências

BION, W. *Volviendo a pensar*. Buenos Aires: Editorial Hormé, 1957.

_____. *Aprendiendo de la experiencia*. Buenos Aires: Editorial Paidós, 1962.

BOTELLA, C.; BOTELLA, S. *La figurabilidad psíquica*. Buenos Aires: Amorrortu, 2001.

BRECHT, B. La piel. In: _____. *Poemas y canciones*. Madrid: Editorial Alianza, 1997. p. 38.

EIGEN, M. *Locura, fé y transformación*. Madrid: Ágora Relacional, 2014.

FISCHBEIN, S. *Libro anual de psicoanálisis XXVII*. 2012. p. 129-143.

FREUD, S. Historiales clínicos: señora Emmy von N. In: _____. *Estudios sobre la histeria*. Buenos Aires: Amorrortu, 1893. p. 78. Tomo II.

_____. Algunos tipos de carácter dilucidados por el trabajo psicoanalítico. In: _____. *Contribución a la historia del movimiento psicoanalítico*: trabajos sobre metapsicología y otras obras 14 (1914-1916). Buenos Aires: Amorrortu, 1979[1916]. p. 313-340.

_____. Beyond the pleasure principle. In: _____. *The Standard Edition of the Complete Psychological Works of Sigmund Freud XVIII (1920-1922)*. London: HogarthPress, 1955[1920]. p. 3-64.

GREEN, A. *On private madness*. Madison: International University Press, 1986.

KEATS, J. *Cartas*. Barcelona: Icara, 1982.

LEVINE, H. *Psychosomatics and Non Represented States*. 2016. (Trabalho não publicado).

LEVINE, H.; REED, G. *Unrepresented States and the Construction of Meaning*: Clinical and Theoretical Contributions. London: Karnac, 2013.

MARTY, P. *La psicosomática del adulto*. Buenos Aires: Amorrortu Editores, 1992. p. 35.

MCDOUGALL, J. *Teatros del cuerpo*. Madrid: Julián Yébenes, 1976.

MILNER, M. The role of illusion in the formation of symptoms. In: _____. *The suppressed madness of sane men*: forty-four years of exploring psychoanalysis. London: Tavistock, 1987[1952]. p. 83-113.

RACHE, E. *Travesía de lo corporal a lo simbólico corporal*. Buenos Aires: Lumen, 2015.

ROUSSILLON, R. *Paradojas y situaciones fronterizas del psicoanálisis*. Buenos Aires: Amorrortu, 1995a.

_____. La métapsychologie des processus et la transitionnalité. *Revue Française de Psychanalyse*, Paris, v. 59, n. 5, p. 1375-1519, 1995b.

_____. *Agonie, clivage et symbolisation*. Paris: PUF, 1999.

_____. *Le plaisir et la repetition*: théorie du processus psychique. Paris: Dunod, 2001.

_____. Configuración de los estados límite. *Revista Uruguaya de Psicoanálisis*, Montevideo, v. 65, n. 1, p. 17-27, 2008.

_____. *Primitive Agony and Symbolization*. London: Karnac, 2010.

_____. Las simbolizaciones primarias y secundarias. Tradução de Elena Errandoea. *Revista de Psicoanálisis de la Asociación Psicoanalítica de Madrid*, Madrid, v. 69, p. 219-241, 2013[2000].

WINNICOTT, D. El temor al derrumbe. *Revista de Psicoanálisis*, Buenos Aires, v. 4, n. 2, p. 269-280, 1982.

9. Quando a ritmicidade proposta pelo enquadre analítico torna-se excessiva e obstáculo ao trabalho de simbolização, ou sobre como fortalecer o símbolo da ausência[1]

Ana María Chabalgoity

Tradução: Marta Dieste e Isabel Rossi

Considerações iniciais

Tomarei emprestadas as palavras da obra póstuma de Albert Camus, *O primeiro homem* (1994):

> *Não, a escola não lhes oferecia apenas uma evasão da vida de família. Nas aulas do M. Bernard, pelo menos, ela alimentava neles uma fome ainda mais essencial para a criança do que para o homem, que é a fome da descoberta. Nas outras classes, ensinavam-lhes sem dúvida muitas coisas, mas um pouco como se entopem os gansos. Apresentavam-lhe um alimento pronto pedindo que o comessem. Nas aulas do M. Germain, pela primeira vez sentiam que existiam e que eram objeto da mais alta consideração: julgavam que eram dignos de descobrir o mundo (p. 132).*

---
1 Trabalho publicado na Revista da Associação Psicanalítica do Uruguai, v. 121, p. 116-137, dez. 2015.

Acredito que esse posicionamento contra o instituído expressa uma das muitas motivações que me levam a comunicar estas reflexões.

Como respeitar e manter o rigor de uma concepção metapsicológica, fruto da enorme riqueza do legado freudiano e de seus seguidores, sem que tal legado implique ficar aderente a um tipo de obediência ideológica aos modelos teórico-técnicos estabelecidos pelas instituições que atuam como suporte de referência e filiação a nossa identidade analítica?

Como manter, a partir de um posicionamento analítico, a essência do método, dando, contudo, lugar às alterações técnicas destinadas a respeitar a singularidade e as vicissitudes de cada situação analítica?

Como não ficarmos *entupidos* pelos alimentos-conhecimentos instituídos e, ao mesmo tempo, não querer *entupir* os pacientes com intervenções que, mais do que abrir caminho para criações pessoais, tendem a fechá-las com saturações de sentidos ou ajustá-los a nossos *a priori* conceituais?

Essas perguntas, expressas metaforicamente, interpelam minha prática diária.

Assim, as abordagens que compartilharei a seguir são produtos da pesquisa das ancoragens teóricas a partir das quais procurei desvendar as complexidades envolvidas em determinadas variações do dispositivo analítico clássico quando se trabalha com patologias que vão além das neuroses.

Com essa finalidade, proponho refletir a partir dos dois aspectos do "pensamento clínico" (GREEN, 1990b; 2000; 2003): dimensão epistemológica e teoria da clínica.

Exposição do problema

Introdução

Tenho a firme impressão de que as vicissitudes da clínica são muito mais complexas do que as teorias podem explicar.

Abertura ao incerto, mesmo correndo o risco de saber que as teorias que nos atravessam podem ter um efeito de barrar interrogações, pois há sempre o perigo de que a realidade que vemos seja somente aquela que entra no registro das significações com as quais lidamos.

Agora, é possível uma articulação entre teoria e clínica?

Pode-se inferir um hiato, um espaço insondável entre teoria e clínica, de modo que ambas mantenham sua liberdade de movimento criativo, mas onde, por sua vez, sejam tecidos fios de conexões entre os dois campos, de modo que as perguntas de um questionem as afirmações que surgem no contexto do outro, e vice-versa.

Portanto, os fragmentos do breve exemplo clínico que irei expor não tentam dar conta desse tratamento especial, mas serão usados como forma de ilustrar e evocar alguns fios da complexa trama teórico-clínica que é construída em certos *tratamentos difíceis.*

E mais do que colocar o ponto de inflexão no que acontece na mente do analista, estou interessada, nesta oportunidade, em trabalhar com estas perguntas: o que acontece "na mente" desses pacientes que são favorecidos pelas mudanças rítmicas das sessões? Que dinâmicas psíquicas são facilitadas dessa maneira?

Da cultura à práxis psicanalítica

As categorias de tempo e espaço, como outras criações humanas, são tanto construções quanto eixos determinantes do ego e dos modos de organização cultural.

Na atualidade, a privação do objeto coexiste com a intrusividade de estímulos, o isolamento afetivo com a presença de um presente ardente e efêmero, os agrupamentos homogeneizantes com a expansão disruptiva, a falta de limites entre o público, o privado e o íntimo revelam-se como algumas das peculiaridades que caracterizam as trocas relacionais entre os sujeitos.

Esses modelos que permeiam os processos de subjetivação a partir da dimensão sociocultural normalmente põem à prova a consistência dos diques que sustentam a cisão estrutural do sujeito psíquico. Prova disso é a tendência às atuações e – às vezes – às passagens ao ato, que nos surpreendem cada vez com mais frequência no trabalho clínico com diferentes pacientes, independente das classificações nosográficas nas quais possam estar inseridos.

Tais comportamentos estão relacionados a importantes perturbações no trabalho reflexivo e nos levam a nos perguntar sobre os "sistemas de ligação simbolizantes"[2] que são oferecidos tanto os objetos significativos como os objetos propostos pela cultura.

No entanto, o que é novo para a organização da vida em sociedade não o é, e nem o foi, para a vida de alguns sujeitos nos quais

---

2 Conceito construído a partir da interpretação que faço das propostas de Bleichmar em "Primeiras inscrições, primeiras ligações", capítulo 1 de *A fundação do inconsciente* (1993): "De modo que a cadeia de facilitações possa deter modos de evacuação compulsivos e estabelecer vias colaterais que promovam um tecido vinculador desde o início, é necessário não só que tal seja um sujeito falante, mas que se aproxime ao filhote humano com representações totalizantes, narcisistas. Esses sistemas de representação ego-narcisistas têm, naturalmente, como pré-requisito a instalação do processo secundário, ou seja, a língua no pré-consciente [...] mas sendo esta uma condição necessária, não é suficiente. Para que estes sistemas de representação do auxílio materno operem gerando as condições de ligação na criança, devem estar em funcionamento pleno no momento de criança" (p. 48).

prevalecem distúrbios do *ego* em suas funções de organização, de defesa e de inibição da descarga pulsional. Esses funcionamentos prestam homenagem a modalidades intrapsíquicas e intersubjetivas nas quais a temporalidade tem resistido a seu vir a ser (não está firmemente instalada a flecha do tempo) e a organização espacial não acabou de demarcar os limites territoriais (eu-não eu; mundo interno-mundo externo).

Na dinâmica e na economia psíquica desses sujeitos, coexistem zonas de indiscriminação, responsáveis pela persistência de formas arcaicas de satisfação sexual-narcisista, ao lado de funcionamentos triádicos, consubstanciais com a função paterna de corte-separação-interdição, característica da lógica edipiana. Por isso, refletir sobre algumas das particularidades que adquirem as coordenadas temporo-espaciais da instância do ego é nos situarmos nessa área de tensão onde o intrapsíquico, o intersubjetivo e o transubjetivo estão interligados e amarrados ao estilo borromeico, já que não há sujeito psíquico radicalmente *dessujeitado* de uma ordem cultural, nem totalmente fora da intersubjetividade.

A partir desse contexto, o debate sobre os novos paradigmas que organizam o social e o trabalho clínico com patologias que vão além das neuroses (e/ou o trabalho com os aspectos não neuróticos da personalidade) vêm questionando e tornando complexas tanto nossas teorias quanto as ferramentas técnicas que permitem a aplicação do método analítico.

Nas últimas décadas e a partir de uma psicopatologia psicanalítica, Roussillon (1999; 2001; 2006b) propõe reunir com o nome de "transtornos ou sofrimentos narcisistas-identitários" a ampla e diversificada gama de situações clínicas nas quais as problemáticas narcisistas adquirem protagonismo. Essa denominação me parece útil para pensar a clínica, já que, junto às falhas na consistência do trabalho de estruturação feito pelo recalque, põe-se ênfase também na função que o narcisismo cumpre na dinâmica e na economia psíquica.

Lembremo-nos de que o ego – esse ser de fronteira, como o denominou o próprio Sigmund Freud – pode ser mais ou menos distendido, mais ou menos flutuante em todos os sujeitos, de acordo com o precipitado de identificações (primárias e secundárias) que o constituem.

O trabalho com esses pacientes lembra-nos, uma e outra vez, da importância para o sujeito psíquico do pleno funcionamento da instância egoica (*ego-superego-ideal do ego*). Obriga-nos a refletir sobre as graves consequências que implica o desmoronar das funções defensivas organizadoras, primazia do funcionamento de um *superego* sádico-arcaico e os efeitos que se têm chamado de patologia dos sistemas ideais. Nesse sentido, Freud já observava, em "Introdução ao narcisismo" (1914), que a existência do *ideal* (*ideal do ego*) é condição para o recalque.

Lembremo-nos também de que a tópica egoica será responsável pela introdução, no psiquismo, da lógica de ligação do processo secundário, por meio das representações-palavra fornecidas pelo sistema pré-consciente-consciente. Ao mesmo tempo, sua função de contrainvestimento assegurará, pelo recalque secundário, a manutenção no inconsciente das inscrições que, concebidas para formar o núcleo do inconsciente recalcado, vão se constituir no motor do trabalho psíquico.

Paradoxalmente, o *ego* (com suas clivagens estruturais) é revelado, então, como lugar de desconhecimento e como instância responsável pela permanente tarefa "tradutora" (LAPLANCHE, 1987) das inscrições alojadas no inconsciente.

Considero que, com esses pacientes, a tarefa analítica não se limitará apenas ao trabalho com as formações do inconsciente, mas nos fará enfrentar também – entre outras – às problemáticas derivadas das cisões do ego que, sustentadas pela recusa patológica, tendem a se expressar na clínica por meio de passagens ao ato ou pelo soma.

Nesse sentido, penso que os conteúdos psíquicos que tenham sido objeto de uma rejeição mais radical do que a que propõe o recalque permanecem enquistados, "encapsulados?, encravados?" (LAPLANCHE, 2007) na psique e não têm facilitado o caminho para fazer a retranscrição representacional. Portanto, eles não poderão ser trabalhados em sua perlaboração pelo tempo psíquico do *après-coup*.

Do dispositivo analítico e de seu enquadre

O vínculo analítico caraterizado pela assimetria de papéis e funções se coconstrói no campo dinâmico bipessoal (BARANGER; BARANGER, 1961), delimitado por um enquadre que contém e atravessa a dupla paciente-analista.

Dada a enorme profusão de escritos sobre essas questões, me limitarei a sinalizar que entendo o *enquadre* como aquele conjunto de regras explícitas e implícitas que, ao permanecerem fixas (BLEGER, 1967), darão uma "estrutura enquadrante" (GREEN, 1990b) ao processo analítico, enquanto este implica movimento, mudança, transformação (BLEGER, 1967).

Nesse contexto, a demarcação do tipo de dispositivo mais adequado para cada situação clínica (pacientes com os quais trabalharemos de acordo com o motivo da consulta – individual, vincular –, a faixa etária – inclusão de entrevista com pais, irmãos –, as características do ambiente – consultório, atitude do analista etc.) implicará a implementação de uma série de condições, tanto externas como internas, que terão como objetivo facilitar a emergência e o trabalho com diferentes produções do inconsciente e/ou com a abordagem de algumas problemáticas vinculares.

Para a finalidade deste trabalho, vou utilizar de um modo amplo a denominação *dispositivo* analítico como sinônimo do conceito de *setting* introduzido por Donald Winnicott (1958b; 1971b), pois faz referência tanto à dinâmica quanto às características da situação analítica no seu conjunto, e não só a seu enquadre.

Pois bem, de acordo com a plasticidade pela qual o analista pode se prestar com cada paciente para ser *usado*, segundo Roussillon (1999), como "o objeto a simbolizar em sua alteridade, em suas diferenças, em suas carências" e, por sua vez, como "objeto para simbolizar", isto é, para ser *utilizado* como objeto na própria tarefa da simbolização, poderá ser favorecido – ou não – o processo de apropriação subjetiva-subjetivante[3] e, portanto, o desenvolvimento de sua capacidade de simbolização.

Será imprescindível, da parte do analista, a autoanálise das diferentes vivências e dos diferentes afetos aos quais é convocado, de modo que – sustentado pela "matriz enquadrante" (GREEN, 1990b; 2003) que seu próprio "enquadre interno" lhe fornece (ALIZADE, 2002; GREEN, 1990b; 2000; 2003) – possa ir coconstruindo com o

---

3 Em "A 'linguagem' do enquadre e da transferência sobre o enquadre", Roussillon (2006b) propõe: "Nas situações transferenciais nas quais a questão do sofrimento narcisista-identitário desempenha um papel dominante, as transformações que o funcionamento da situação analítica ocasiona são vividas como ameaças para a identidade [...]. As exigências que emanam do enquadre e do modo do funcionamento que este impõe põem em xeque o analisante, ou acordam vivências históricas de fracasso de suas capacidades de simbolização, ameaçam os arranjos psíquicos que puderam estabelecer para atenuar os efeitos da vivência traumática" (p. 8).

paciente cadeias de ligação à representação-palavra junto à tarefa de desligamento, dinâmica psíquica que, ao permitir os movimentos sucessivos de deslocamento e substituição representacional, abrem o caminho para a metáfora e a metonímia. Porém, é necessário deixar claro que esses dinamismos ganharão eficácia psíquica sempre e quando o analista puder manejar maleavelmente a alternância de sua presença-ausência.

Vínculo analítico, transferência e contratransferência são pensados, então, como um vir a ser nos quais o intersubjetivo e o intrapsíquico vão formando uma malha, ao estilo de um "espaço-tempo transicional" (WINNICOTT, 1971a), onde se desdobra e acontece o processo analítico.

Por sua vez, a situação analítica vai se constituindo num lugar privilegiado de reabertura da "situação originária" (LAPLANCHE, 1987), quando há sucesso em criar e sustentar um dispositivo "maleável, confiável e consistente" (ROUSSILLON, 1991; 1999) tanto nas suas possibilidades de transformação como nos limites que estabelece em função de cada singularidade.

Da presença-ausência à invasão-abandono

Para que os *objetos significativos* possam ser representados no espaço e no tempo subjetivante da ausência, será imprescindível que tanto suas percepções como suas perdas entrem em concordância com os tempos e as distâncias toleráveis pelo *infans*. Assim, evitar-se-á o transbordar da excitação pulsional, efeito da apresentação sem pausas e do distanciamento excessivo.[4] O desprazer da perda vai se entrelaçando, então, com o prazer de sua representação, oferecendo satisfações substitutivas. Nesse sentido, tanto a

---

4 Segundo as proposições de Roussillon (1999) sobre essas questões, o qual, por sua vez, apoia-se nos conceitos de Winnicott e os amplia.

interiorização da realidade como a crença onipotente em seu domínio são estruturantes do psiquismo.

A separação dos objetos poderá, assim, ser tolerada mediante sua evocação pelo pensamento e pela palavra, movimentos psíquicos sustentados pelo trabalho do recalque.

Penso que, na psicanálise, *a presença e a ausência* implicam-se reciprocamente e são consubstanciais com o paradoxo temporo-espacial que Winnicott (1971a) conceituou como "espaço transicional": área da ilusão, do jogo, da criação, da cultura. Porém, essa potencialidade estruturante só é possível se o objeto auxiliador aceitar a perda e reconhecer a alteridade, ou seja, se tem internalizada a terceiridade que serve de *obstáculo* aos desejos fusionais.

Então, que implicações as falhas nesta alternância rítmica têm para a estruturação e o funcionamento psíquico? É possível um trabalho de simbolização no contexto da invasão-abandono? A partir dessas perguntas, colocarei para trabalhar outra modalidade rítmica do *está-não está* dos *objetos primordiais,* que remetem ao excesso, com sua contrapartida da carência, tanto nas suas formas de apresentação como em seus distanciamentos. Os excessos e as carências são o anverso e o reverso de uma mesma modalidade vincular e ambos dificultam a consolidação dessa *terceira área* que é a transicionalidade, razão pela qual esses sujeitos tendem a ficar enredados com seus objetos originários de um modo relacional que resulta paradoxal – se está, mas não se está – aspecto que os instala num desassossego identitário.

Formulação da hipótese de trabalho

Apoiando-me nessas abordagens teóricas e articulando-as com as vicissitudes da prática clínica, proponho que nos detenhamos nas dificuldades apresentadas por esses pacientes em sua atividade de ligação e, mais precisamente, no que Roussillon (1999), parafraseando Wilfred Bion, denomina "o aparelho da simbolização", para a partir daí refletir sobre as variações rítmicas que, em certos tratamentos difíceis, costumamos realizar como uma forma de tentar trabalhar algumas das situações paradoxais que, no nível transfero-contratransferencial, são encenadas e encarnadas no vínculo analítico.[5]

Considero que, nessas situações clínicas, as alterações na ritmicidade temporo-espacial das sessões têm como função se aproximar do tipo de ritmo que lhes é conhecido e familiar, já que recriam o modo relacional desses sujeitos com seus objetos originários. Esse ritmo é paradoxal, pois está caracterizado tanto pelo descontínuo quanto pelo imprevisível. Ou seja, suas características são antagônicas ao que costumamos conceituar como rítmico: contínuo, constante e previsível.

A partir dessa perspectiva e no contexto dessas situações clínicas, acho que essas mudanças do enquadre tendem a favorecer o fortalecimento de um registro da ausência. Lembremo-nos de que só em seu seio o trabalho de representatividade psíquica, de mentalização, pode adquirir espessura e consistência, razão pela qual considero que essas variações rítmicas podem colaborar para potencializar e ampliar as possibilidades de simbolização,[6] capaci-

---

5 A esse respeito, Roussillon mantém como introdução a "A função simbolizante do objeto", capítulo 11 de *Agonia, clivagem e simbolização* (1999): "Se a teoria é necessariamente uma teoria do sujeito e uma teoria para um sujeito, não poderia evitar ser simultaneamente uma teoria do objeto e uma teoria do modo como o objeto subjetivo permite ao sujeito experimentar-se como tal. Esta é a função simbolizante do objeto, se se aceita sobrepor o desenvolvimento da simbolização com a função de apropriação subjetiva e subjetivante" (p. 169).

6 Como diz Freud, em *Inibição, sintoma e angústia* (1926[1925]), "quando [o lactante] não viu a sua mãe uma vez, ele se comporta como se nunca mais

dade imprescindível para todo trabalho de elaboração e perlaboração psíquica.

Do *uso* do espaço e tempo do enquadre analítico

Os pacientes nos quais o sofrimento narcísico-identitário desempenha um papel central em sua dinâmica psíquica, costumam apresentar uma ritmicidade que nos parece peculiar quanto ao *uso* que fazem do espaço e tempo proposto pelo dispositivo analítico.

Considero que no contexto dos tratamentos, o estudo dessas vicissitudes pode nos permitir avançar nas formas de abordagem de algumas das dificuldades que apresentam para o trabalho de simbolização.

Descritivamente, dizemos que esses sujeitos não alcançam uma *distância ótima* em seus vínculos. Na clínica, tendem a desenvolver uma espécie de expansão espacial pela qual o analista é solicitado fora dos horários marcados no consultório: por meio de telefonemas, mensagens de texto, pedido de sessões extras etc. Ao lado desses comportamentos, faltam repetidamente às sessões ou diretamente interrompem a análise.

Considero que pensar nessa particular ritmicidade somente como movimentos resistenciais dos pacientes, como ataques ao enquadre ou fugas defensivas frente ao temor-desejo de se fundir com o analista traz o perigo de deixá-los entregues à mera repetição dessas modalidades relacionais evacuativas. Nas tramas da

---

fosse voltar a vê-la, e fazem falta repetidas experiências consoladoras até que aprenda que um desaparecimento da mãe geralmente é seguido por seu reaparecimento. A mãe amadurece esse discernimento, tão importante para ele [...] assim, pode sentir, por assim dizer, um anseio não acompanhado de desespero" (p. 158).

relação transferencial, proponho também considerá-las como sinais de um trabalho psíquico que vai possibilitando a apropriação subjetiva-subjetivante do objeto-analista e da função simbolizante que a situação analítica encarna em si mesma. Mas para que esses comportamentos adquiram essa qualidade propriamente funcional, é essencial que o analista contenha e signifique suas aproximações e distanciamentos como o caminho que percorrem para ir inscrevendo a representação do "objeto-analista" (da sua pessoa, do seu posicionamento) e do funcionamento do processo analítico (pensado como a situação analítica em seu conjunto).

Essa representabilidade psíquica propiciará – junto da internalização dos *"sistemas de ligação representacional"* (BLEICHMAR, 1984) que se vai oferecendo a eles – a criação e fortalecimento de um registro da ausência. Assim, será propiciado a esses pacientes o trabalho de luto que implica a aceitação da perda do objeto e serão construídas e fortalecidas as bases de todo o trabalho de simbolização. Muitas vezes, só é possível levar a cabo esse trabalho psíquico por meio de uma forma de encontro com a pessoa do analista, sendo necessário que este se deixe *distanciar e aproximar*, e fique *à espera* de ser requisitado, *encontrado-criado*. Penso que dessa forma recria-se o trabalho do *"fort-da"* no seio mesmo do vínculo transfero-contratransferencial.

Para o analista, isso implica manter um modo de *estar* que é paradoxal: é necessário reafirmar a sua presença potencial no contexto dos distanciamentos do paciente. Desse modo, é possível que a retirada do objeto-analista vá sendo gradualmente significado como ausência, e não como abandono, e sua nova apresentação, como presença, e não como intrusão.

Por sua vez, a atitude de espera no quadro da terceiridade, proposta pelo posicionamento analítico, funciona como garantia da continuidade do tratamento mesmo que o paciente manifeste – e passe ao ato – sua partida temporária. Como já foi explicitada, a descontinuidade marcada pelos repetidos distanciamentos é sustentada pela repetição na transferência dos ritmos e das qualidades próprias do meio ambiente facilitador, e, portanto, estes foram internalizados como um modo de "relacionar-se com a atividade de simbolização"[7] (ROUSSILLON, 1999, p. 170).

É essencial que o analista apele a seu "enquadre interno" como forma de manter o difícil equilíbrio entre a flexibilidade e a abstinência, já que uma e outra vez será compelido a limitar e desviar a irrupção pulsional, efeito das vivências de excesso, de supersaturação, que a presença do outro-analista e a atmosfera intimista das sessões costumam provocar nesses pacientes: trabalho com e da contratransferência, enquanto elemento essencial do método analítico.

Penso que esse *uso* particular do dispositivo lhes permitirá, por sua vez, limitar a onipotência de suas fantasias desejantes ao verificar que o analista *sobrevive* a sua agressividade, assim como ir adquirindo e fortalecendo a capacidade *de ficarem a sós*, com a confiança que lhes dá a presença à distância *à espera* do analista.

Sem dúvida alguma, não deixa de ser um modo peculiar de ir se construindo essa *capacidade de estar só* conceitualizada por Winnicott.[8]

---

[7] Em "A função simbolizante do objeto", capítulo 11 de *Agonia, clivagem e simbolização* (1999) Roussillon argumenta: "As características da relação do objeto primário tendem a ser transferidas à relação do sujeito com a atividade de simbolização. [...] É no modo da presença dos objetos que o sujeito deve tomar os materiais de sua atividade representativa e não só na sua ausência 'bem temperada'" (p. 170).

[8] Em "A capacidade de estar só", *Os processos de maturação e do ambiente facilitador* (Winnicott, 1958a): "Embora muitos tipos de experiências levem

Seguindo este último autor, lembremo-nos que o jogo de construção-destruição é tão importante quanto o do objeto criado--encontrado. Ou seja, o objeto é também destruído-encontrado e, nesse jogo, é criada a exterioridade. Assim, torna-se possível para ele a saída do mundo subjetivo onipotente, do mundo como um *feixe de projeções* da relação dual. A partir daqui, esse *outro* se torna alheio, opaco, diferente... E ao mudar o estilo de comunicação, poderá surgir a preocupação com o *outro*. Mas esse processo só é possível devido à recuperação do ambiente que sobrevive à destruição.[9] Portanto, o vir a ser de cada um desses tratamentos dependerá da forma na qual cada analista significa esses "atos mensageiros" (ROUSSILLON, 2004b).

Uso da hipótese de trabalho: sua articulação teórico-clínica

Na clínica

A oscilação entre a dependência extrema e o aparente prescindir do analista costuma ser, então, um sinal distintivo no curso desses tratamentos. No entanto, a intensidade da repetição de

---

a estabelecer a capacidade para estar só, existe uma que é básica e cuja insuficiência impede o desenvolvimento dessa capacidade: esta experiência é a de estar sozinho na infância e na meninice, na presença da mãe. De modo que a base da capacidade de estar sozinho é um paradoxo: trata-se da experiência de estar sozinho enquanto mais alguém está presente" (p. 38).

9 Retomo as palavras de Prego Silva (1989): "Quando há um eu intacto e o analista pode tomar por certa a existência de assistência na infância, a interpretação adquire mais valor que o enquadre (*setting*), mas quando aqueles cuidados não existiram ou foram insuficientes, ali não haverá um eu suficiente para assumir as interpretações, e então o mais importante é o *setting*. Lembremo-nos aqui do que para Winnicott são as necessidades básicas da criança: o '*holding*' e o '*handling*' e a apresentação do objeto no lugar e no momento certos" (p. 122).

seus funcionamentos duais no vínculo transferencial não deixa de nos surpreender, razão pela qual sustentar o seu desdobramento junto à manutenção da terceiridade constitui um desafio para a nossa tarefa prática.

Como tentar ligar para as diferentes atuações a cadeias de representação? Como evitar que essas repetições de desligamento não levassem à extinção do processo?[10]

A vinheta clínica que compartilho a seguir e as reflexões teóricas subsequentes pretendem ilustrar de que modo me é útil interpretar as mudanças temporo-espaciais que costumamos realizar quando o dispositivo analítico oferecido tende a dificultar o trabalho de simbolização do paciente.

Apresentação do material clínico

Quem era Eloísa? Essa foi uma questão recorrente durante os primeiros anos desse processo analítico. Era a menina do falar pausado, de olhar sereno e terno? Era a jovem que, em suas irrupções de raiva, parecia querer destruir tudo que se havia construído? Era a mulher retraída e isolada em seu quarto que se vivenciava imersa em estados de vazio que lhe eram intoleráveis? Essas vivências de si, desorganizadas, caóticas, foram desdobrando-se tanto no vínculo comigo como em diferentes situações da sua vida quotidiana e pareciam tê-la acompanhado ao longo de seu vir a ser existencial com uma expressão mais virulenta no início da sua adolescência.

---

10 Parafraseando Roussillon (2006b) em "A 'linguagem' do enquadre e a transferência sobre o enquadre": essas situações-limite da psicanálise esquentam as condições da análise e ameaçam o processo com uma forma de dessimbolização. Se o analista não é capaz de reconhecer qual trauma da atividade simbolizante é atualizada desse modo e é transferida ao enquadre, se encontrará então em grandes dificuldades para desbloquear a situação cujo "pavio foi aceso" na representação em curso (FREUD, 1976[1914], p. 8).

Apesar de ter quase 30 anos na primeira consulta, Eloísa mantinha uma total dependência, tanto afetiva quanto econômica, de sua família de origem. Não tinha conseguido entrar no mercado de trabalho. Anteriormente, iniciara e interrompera várias tentativas de tratamentos, tanto psicológicos como psiquiátricos. Seu discurso, seu modo existencial, sua apresentação pareciam expressar o impacto e a desorganização psíquica provocados nela por ter tomado conhecimento, no início da puberdade, de diversos "detalhes" que revelavam o severo conflito do casal (pai e mãe) e a perturbação psiquiátrica paterna.

Pouco a pouco, pudemos montar uma novela familiar que, no início desse tratamento, era fragmentada e cujas lacunas de sua trama estavam principalmente relacionadas com a internalização do mandato de seu ambiente familiar de "não recordar e esquecer" tudo aquilo que pudesse evocar a figura de seu pai. O diagnóstico psiquiátrico-forense, que considerava como incapaz esse pai, concedeu a guarda definitiva a sua mãe. Somou-se a isso a partida desse homem para outro país, fato que a deixou fechada no endogâmico-incestuoso com a figura materna. Eloísa precisava sair dessas formas de vínculos e funcionamentos.

Havia nela um *antes* que foi mantido encapsulado – e que se evidenciava pelas suas severas atuações – e um *depois* que rejeitava o fato de que ela tinha um pai. Habilitar a sua existência e abrir o direito a sua lembrança, de modo a delimitar diferentes comportamentos que se erigiam como testemunhas indestrutíveis de sua existência, foi um dos desafios dessa primeira etapa do seu tratamento.

Os distúrbios do sono e da alimentação, o consumo de álcool, a dificuldade em manter no tempo diferentes empreendimentos profissionais e de estudo, a alternância brusca em seus estados de ânimo, o confinamento em seu quarto por vários dias – durante os quais se recusava a interagir com os outros – nos dirigiram por parapeitos muito perigosos.

Ao longo de seu tratamento, foi imperativo o trabalho de alguns aspectos identificatórios com suas figuras parentais que lhe resultavam alienantes. A gradual desidentificação e a trama dessas características em novas reorganizações representacionais foram permitindo-lhe, gradualmente, várias conquistas significativas na sua vida relacional, na regulação afetiva e na sua dinâmica intrapsíquica. Conseguir terminar um ofício, que lhe deu acesso a trabalhos que habilitaram a possibilidade de viver sozinha, e estabelecer um vínculo amoroso que lhe permitia projetar-se foram também sinais da conquista de uma maior estabilidade emocional. Por sua vez, pôde restabelecer um encontro epistolar com seu pai, tirando-o do lugar de desaparecido, modalidade de contato que, ao mesmo tempo que a aproximava dele, a mantinha a uma distância *prudencial,* que impedia que ficasse novamente oprimida por suas condutas invasivas, ambíguas, enlouquecedoras.

Fragmento de sessão: aproximadamente três anos depois do início do tratamento

"Não posso ir à próxima sessão. Estou bem. Além disso, eu quero e preciso terminar o tratamento." Por meio dessa mensagem de texto, Eloísa expressa, com a distância afetiva garantida por esse tipo de comunicação, o seu desejo-necessidade de quê? Nos últimos meses, passara a ser comum que não viesse às sessões, funcionamento que não tinha conseguido reverter, apesar das minhas diferentes interpretações. O que tinha mudado, em relação a outros períodos nos quais também faltava e desaparecia, literalmente, era que agora me avisava e comunicava as razões pelas quais não viria, assim como oferecia um breve relatório de seu estado de ânimo.

Na sessão seguinte, chega muito ansiosa:

– Não sei como lhe explicar o que me acontece... Preciso terminar... Não sei bem por que, mas é o que quero... Eu percebo que, embora lhe diga que virei, depois não o faço, me parece pesado, não tenho vontade... Preciso que você me entenda, não é como das outras vezes em que não queria vir porque estava num poço e não queria nada com nada... Estou bem... eu quero deixar de vir...

Fica à espera de minha resposta, enquanto me olha fixamente com um gesto que interpreto entre desafiante e temeroso.

– Eloísa, ouvi bem a sua proposta de querer terminar. De todo modo, acho importante que possamos pensar juntas nos motivos dessa necessidade de terminar. Será que precisa provar que pode se separar de mim?

– Eu já tinha pensado sozinha antes de lhe dizer... Eu estou cansada de vir, de analisar... É muito trabalho mental e, quando eu vou embora, fico superesgotada. Não fico mal; bem, às vezes sim, embora mais tarde eu saiba que me faz bem... Mas preciso de um pouco de ar... Eu já decidi... Não sei se conseguirá me entender...

– O que terei de entender? Você sente esta ideia de terminar, de ir embora, como algo que é imperativo fazer, como já lhe aconteceu com o comer, o beber, ou o dormir e abandonar todos os seus empreendimentos...?

– É algo pensado, não é algo que me ocorre e que tenho que fazer... Antes, já tinha me acontecido de não querer vir, mas de todas as maneiras depois vinha e nunca pensei em terminar, mas desta vez é diferente... Pelo menos por um tempo, preciso deixar... e preciso que você entenda...

– E se eu não entender, o que aconteceria? Tem medo que eu queira retê-la pela força como você viveu com sua mãe, e se você for embora eu fique muito zangada e não queira vê-la nunca mais? Ou também teme que, se se afastar de mim, eu desapareça como seu pai?

Responde em tom de angústia:

– Tudo isso que está dizendo, deve ser, eu não pensei nisso, pelo menos não conscientemente, assim, mas enquanto a escutava, tive muita vontade de chorar... – chora serenamente. – Este espaço tem me ajudado muito, eu não sou a mesma que veio há três anos, mas agora estou bem, tenho sido bem-sucedida, continuo com X [seu parceiro], temos pensado em passar a morar juntos e estou conseguindo manter as minhas coisas, a casa, meu trabalho. Eu sei que me assusta deixar este espaço, mas sinto que preciso viver o que eu consegui, eu sozinha, sem você, quero me experimentar, pelo menos por um tempo, e ver o que me acontece... Eu agora estou me sentindo bem... E vir aqui significa me questionar, começar a agitar tudo o que consegui e o que não... Sei que tenho que continuar a fazê-lo... Que há muitos temas que ainda não estão resolvidos, mas preciso de um tempo sem pensar, bem, por assim dizer, mas não sei como expressar.

– Talvez você precise ter certeza de que pode se separar de mim e deste espaço, sem discussões, sem desaparecimentos... Mas sim, acho que é necessário continuarmos a trabalhar juntas... Por isso eu entendo a sua proposta não como um término, mas como um período no qual precisa transitar sozinha, sem minha presença... – ela escuta atentamente e em silêncio cada uma das minhas palavras, fazendo gestos afirmativos com repetidos movimentos de cabeça. Parece que precisa provar que o que conseguiu construir e compreender sobre si mesma e de sua história não desaparecerá se não me vir. – Eloísa, eu vou continuar aqui, disponível para quando você puder e quiser retomar este trabalho... O que quero esclarecer é que, se você me chamar, provavelmente terá que esperar até encontrar um horário disponível...

Lembrei aqui de suas urgências e irritação quando me pedia uma sessão extra e eu não podia atendê-la imediatamente.

Com um gesto de franco alívio, sorri relaxada:

– Puf! Que sorte que você me entende! Tinha muito medo que me dissesse que não podia voltar nunca mais se não continuasse agora com o tratamento... Sei que voltarei!! É reconfortante saber que posso fazer isso... Só agora estou podendo pisar firme em algumas coisas da minha vida, acho que já ficaram para trás minhas desordens completas, embora saiba que posso voltar a cair em meus confinamentos e baixo-astral, na minha compulsão de comer e bebedeiras, em só querer dormir e não suportar ninguém a minha volta... Eu me lembro disso e tenho muito medo de voltar a me sentir tão mal, tão zangada e com essa sensação de que nada faz sentido – me angustia –, mas tenho comprovado que cada vez tenho menos recaídas e consigo sair delas muito mais depressa... Além disso, com os trabalhos cumpro sempre, não deixo nada, mesmo que esteja mal...

Comentários sobre essa sessão

Ao longo desses anos, diante da repetição de suas idas e vindas, fui propondo diferentes construções que implicavam, entre outros dinamismos, movimentos de desligamentos e de novas ligações, movimentos psíquicos que implicavam, além disso, reintegrar o inconscientemente recusado ao fluxo representacional do pré-consciente, para que daí pudesse ser trabalhado pelo mecanismo do recalque e, assim, adquirir a potencialidade simbolizante.

Conjuntamente, propus a modificação da frequência semanal (passamos de três a duas sessões) como uma maneira de ajustar-me ao ritmo que, de fato, era o que parecia poder sustentar.

Essa variação no enquadre lhe permitiu manter, por um tempo prolongado, a continuidade da sua presença e a diminuição das suas ausências. No entanto, havia vários meses que tinha se restabelecido a repetição de suas faltas. Quando comparecia, mantinha uma atitude de afastamento e distância afetiva para comigo. Deixava-me saber muito pouco sobre ela. Essa atitude, sim, era nova. E foi nesse contexto que manifestou sua decisão de interromper, pedido que não me surpreendeu.

Embora fosse evidente, para além de minha resposta, que ia interromper o tratamento, cabe a reflexão sobre meu modo de significar sua decisão. Por que a habilitei? Essa atitude teve efeitos nela? De que tipo? Influenciou sua possibilidade de retomar seu espaço analítico mais à frente?

Acho que nessa situação clínica, como em outras semelhantes, quando o fusional toma o lugar central no cenário analítico, há períodos em que o dispositivo e a apresentação do analista são vivenciados como um excesso e, para que o trabalhado possa continuar sendo integrado e *assimilado* internamente pelo paciente, é necessário habilitar essa forma peculiar de trânsito analítico, na qual não são nem suas viagens a trabalho, nem o afastamento geográfico a razão dessa particular ritmicidade.

Em minha opinião, a supersaturação e a ameaça de dessimbolizar a situação analítica estava se tornando presente no vínculo transferencial. Ela precisava tomar uma distância real de minha pessoa e do espaço analítico. Assim, eu apostava que Eloísa pudesse continuar processando sozinha, mas com a segurança da minha presença em espera, o construído naquele período entre as duas. Apostava em que os sistemas de ligação simbolizantes, que já estavam inscritos em seu psiquismo, trabalhassem ao modo de uma nova "implantação" (LAPLANCHE, 1996).

Embora estivesse consciente da precária consistência de suas mudanças, considerei que escutar e acompanhar seu pedido de distanciar-se era uma aposta esperançosa (da minha parte) de que, num afastamento que fosse vivenciado como ausência e não como desaparecimento, conseguisse ressignificar e articular em novas tramas representacionais o trabalhado. Se assim fosse, poderia continuar no caminho de subjetivação de diferentes experiências histórico-vivenciais que haviam tido um efeito perturbador em seu psiquismo, ao tê-las significado como "quebras em seu sentimento de continuidade existencial" (WINNICOTT, 1958a).

Depois do fragmento de sessão apresentado, Eloísa comunicou-se um número de vezes para me pedir uma sessão, à qual logo me avisava que não compareceria, ou bem porque já tinha resolvido o que a tinha atrapalhado e transbordado, ou bem porque ela tinha dormido, mas reiterava seu pedido de que a esperasse e dizia que saber que eu estava lá a tranquilizava.

Seis meses depois de seu primeiro *afastamento*, retomou seu tratamento já consciente da intensa ambivalência que lhe provocava precisar de mim no meu lugar analítico. Dessa vez, pudemos trabalhar por outros tantos anos, e então se repetiu sua *necessidade* de afastamento, mas, dessa segunda vez, manifestou explicitamente que eu fizesse o favor de esperá-la. Vários meses depois, retornou e, depois de mais de dez anos de trabalho conjunto, caracterizado também por várias idas e vindas, conseguiu terminar o tratamento.

Para finalizar, evoco aqui o que ela expressou em uma de suas sessões finais: "Para mim, foi fundamental a maneira de vir ao encontro e separar-me sem que isso fosse causa de conflito".

Penso, de maneira encorajante, que havia sido inaugurado nela outra forma de separação muito diferente das que havia mantido com seus objetos primários e que depois tinha sido transferido às relações da sua vida adulta, e que, como vimos, esteve também presente durante muito tempo no seu processo analítico.

Referências

AULAGNIER, P. *La violência de la interpretación*: del pictograma al enunciado. Buenos Aires: Amorrortu, 1975.

ALIZADE, M. El rigor y el encuadre interno. *Revista Uruguaya de Psicoanálisis*, v. 96, p. 1316, 2002.

ANFUSSO, A.; INDART, V. *¿De qué hablamos cuando hablamos de Winnicott?* Montevideo: Psicolivros, 2009.

BARANGER, M.; BARANGER, W. La situación analítica como campo dinámico. *Revista Uruguaya de Psicoanálisis*, v. 4, n. 1, p. 354, 1961.

BARANGER, W. Processo de espiral e campo dinâmico. *Revista Uruguaya de Psicoanálisis*, v. 59, p. 1732, 1979.

BLEGER, J. Psicoanálises del encuadre psicoanalítico. In: _____. *Simbiosis y ambigüedad*. Buenos Aires: Paidós, 1967. p. 237-250.

BLEICHMAR, S. *En los orígenes del sujeto psíquico*: de mito a la historia. Buenos Aires: Amorrortu, 1986[1984].

_____. *La fundación de lo inconsciente*: destinos de pulsión, destinos del sujeto. Buenos Aires: Amorrortu, 1993.

_____. *Clínica psicoanalítica y neogéneses*. Buenos Aires: Amorrortu, 2000[1999].

CAMUS, A. *O primeiro homem*. Rio de Janeiro: Nova Fronteira, 1994.

CASAS, M. *En el caminho de la simbolización*: producción del sujeto psíquico. Buenos Aires: Paidós, 1999.

DE UTURBEY, L. El encuadre y sus elementos. *Revista Uruguaya de Psicoanálisis*, v. 89, p. 49-68, 1999.

ERRANDONEA, E. *Lo dual y la contratransferencia*. Trabalho apresentado na reunião científica da Asociación Psicoanalítica del Uruguay, Montevideo, 2010.

FREUD, S. Proyecto de psicología. In: _____. *Obras completas de Sigmund Freud 1*. Trad. J. L. Etcheverry. Buenos Aires: Amorrortu, 1976 [1950[1895]]. p. 323-461.

_____. La interpretación de los sueños. In: _____. *Obras completas 5*. Trad. J. L. Etcheverry. Buenos Aires: Amorrortu, 1976[1900[1899]]. p. 345-700.

_____. Introducción al narcisismo. In: _____. *Obras completas 14*. Trad. J. L. Etcheverry. Buenos Aires: Amorrortu, 1976[1914]. p. 65-98.

_____. Más allá del principio de pracer. In: _____. *Obras completas 18*. Trad. J. L. Etcheverry. Buenos Aires: Amorrortu, 1976[1920]. p. 1-62.

_____. Inhibición, síntoma y angustia. In: _____. *Obras completas 20*. Trad. J. L. Etcheverry. Buenos Aires: Amorrortu, 1976[1926[1925]]. p. 71-160.

GARCÍA, S. La heterogeneidad del inconciente y el conflicto psíquico. *Revista Uruguaya de Psicoanálisis*, v. 109, p. 77-90, 2009.

GREEN, A. El encuadre: significación del encuadre. In: _____. (Ed.). *El lenguage en el psicoanálisis*. Buenos Aires: Amorrortu, 1995[1984]. p. 110-124.

_____. *De locuras privadas*. Buenos Aires: Amorrortu, 2001[1990a].

_____. *La nueva clínica psicoanalítica y la teoria de Freud*. Buenos Aires: Amorrortu, 2002[1990b].

_____. *El tiempo fragmentado*. Buenos Aires: Amorrortu, 2001[2000].

_____. *Ideas directrices para un psicoanálisis contemporáneo*: desconocimiento y reconocimiento del inconsciente. Buenos Aires: Amorrortu, 2005[2003].

GUERRA, V. Le rythme, entre la perte et les retrouvailles. *Spirale*, v. 44, p. 139-146, 2007.

_____. Ritmo, mirada, palabra y juego: hilos que danzan en el proceso de simbolización. *Revista Uruguaya de Psicoanálisis*, v. 119, p. 74-97, 2014.

LAPLANCHE, J. *Nuevos fundamentos para el psicanálisis*: la seducción originaria. Buenos Aires: Amorrortu, 1987.

_____. Implantación, intromisión. In: _____. *La prioridad del otro en psicanálisis*. Buenos Aires: Amorrortu, 1996. p. 103-106.

_____. *Sexual: la sexualité élargie au sens freudien*. Paris: PUF, 2007.

_____. Tres acepciones de la palabra "inconsciente" en el marco de la teoría de la seducción generalizada. *Alter*, v. 4, 2009[2003].

MARCELLI, D. *La surprise, chatouille de l'âme*. Paris: Albin Michelle, 2000.

PREGO SILVA, L. Notas sobre la transferencia en la obra de Winnicott. *Temas de psicoanálisis*, v. 11, p. 118-123, 1989.

ROUSSILLON, R. Traumas y escisiones. In: _____. *Paradojas y situaciones fronterizas del psicoanálisis*. Buenos Aires: Amorrortu, 1995[1991]. p. 181-261.

_____. *Agonie, clivage et simbolization*. Paris: PUF, 1999. (Tradução interna do Grupo de Teoria, Associação Uruguaia de Psicoterapia Psicoanalítica, Montevideo, 2005.)

_____. *Le plaisir et la répétition*. Paris: Dunod, 2001.

_____. *A corps et à cri*. Congresso organizado por A. Braconnier e B. Golse, Paris, 2004a. (Tradução para o espanhol de Maren Ulriksen de Viñar.)

_____. *Cuerpos y actos mensajeros*. Trabalho apresentado no Colóquio de Lyon, 2006a[2004b].

_____. *El "lenguaje" del encuadre y la transferencia sobre el encuadre*. Trabalho apresentado no 80º Colóquio da Sociedade Psicanalítica de Paris, Mutualidade, Paris, 2006b.

SCHKOLNIK, F. Abstinência e transgreção. *Revista Uruguaya de Psicoanálisis*, v. 65, p. 21-29, 1987.

_____. Acerca de la concepción freudiana de la transferencia. *Temas de Psicoanálisis*, v. 11, p. 124-127, 1989.

_____. *Desmentida y excisión del yo*. Trabalho apresentado no 1º Congresso da Associação Psicanalítica de Buenos Aires, Buenos Aires, 1992.

_____. ¿Neutralidad o abstinencia? *Revista Uruguaya de Psicoanálisis*, v. 89, p. 68-81, 1999.

_____. Los fenómenos residuales y la represión originaria. *Revista Uruguaya de Psicoanálisis*, v. 94, p. 48-58, 2001.

_____. *El pensamiento analítico*: entre el enigma y el dolor psíquico. Montevideo. (trabalho inédito)

_____. Cambios en la cultura y el psicoanálisis: nuestra contemporaneidad nos interroga. *Revista Uruguaya de Psicoanálisis*, v. 110, p. 722, 2010.

SCHKOLNIK, F.; SVARKAS, M. El dilema del paciente narcisista--fronterizo: entre la desmentida y la discriminación. *Revista Uruguaya de Psicoanálisis*, v. 74, p. 161-169, 1991.

SCHROEDER, D. Repensando el encuadre interno. *Revista Uruguaya de Psicoanálisis*, v. 110, p. 144-160, 2010.

ULRIKSEN DE VIÑAR, D. Construcción de la subjetividad del niño: algunas pautas para organizar una perspectiva. *Revista Uruguaya de Psicoanálisis*, v. 100, p. 339-355, 2005.

URRIBARRI, F. André Green. El pensamiento clínico: contemporáneo, complejo y terciario. *Revista de Psicoanálisis*, v. 69, n. 1, p. 245-262, 2012.

WINNICOTT, D. La capacidad para estar solo. In: _____. (Ed.). *Los procesos de maduración y el ambiente facilitador*: estudios para una teoría del desarollo emocional. Buenos Aires: Paidós, 1993[1958a]. p. 17-46.

_____. *Escritos de pediatría y psicoanálisis*. Buenos Aires: Paidós, 1999 [1958b].

_____. *Realidad y juego*. Buenos Aires: Gedisa, 1972[1971a].

_____. *Exploraciones psicoanalíticas 1*. Buenos Aires: Paidós, 1991[1971b].

Sobre os autores

Bernardo Tanis é presidente da Sociedade Brasileira de Psicanálise de São Paulo (SBPSP). Doutor pelo Núcleo de Psicanálise da Pontifícia Universidade Católica de São Paulo (PUC-SP). Membro efetivo da SBPSP e docente do Instituto de Psicanálise. Foi editor da *Revista Brasileira de Psicanálise* (2010-2014), diretor de Comunidade e Cultura da Federação Psicanalítica da América Latina (Fepal) (2008-2009) e docente dos cursos de especialização em Teoria Psicanalítica (pela PUC-SP) e em Psicanálise da Criança (pelo Instituto Sedes Sapiente, do qual foi coordenador). Autor dos livros *Memória e temporalidade: sobre o infantil em psicanálise* e *Circuitos da solidão: entre a clínica e cultura* e organizador, junto com Magda Khouri, do livro *Psicanálise nas tramas da cidade* (editora Casa do Psicólogo), além de ser autor de artigos em diferentes publicações.

Eliana Rache é membro didata efetivo da Sociedade Brasileira de Psicanálise de São Paulo (SBPSP). Psicanalista de crianças e adolescentes pela International Psychoanalytical Association (IPA) e docente no Curso de Crianças e Adolescentes do Instituto de Psicanálise da SBPSP. Membro aderente estrangeira da Asociación Psicoanalítica Argentina, onde se formou. Membro da École de Psychosomatique de Paris. Doutora em Psicologia Clínica pela Pontifícia Universidade Católica de São Paulo (PUC-SP). Organizadora do Grupo de Estudos do Pensamento de René Roussillon na América Latina. Publicou o livro *Travessia do corporal para o simbólico corporal* (2014), traduzido para o espanhol (*Travesía de lo corporal a lo simbólico corporal*, 2015).

Leonor Valenti de Greif é médica pela Universidad de Buenos Aires, Argentina. Licenciada em Medicina com título universitário oficial da Espanha. Psicanalista e membro titular da International Psychoanalytical Association (IPA), da Federação Psicanalítica da América Latina (Fepal) e da Asociación Psicoanalítica Argentina (APA). Especialista em crianças e adolescentes. Professora titular em função didática do Instituto de Psicoanálisis e do Centro de Estudios Psicoanalíticos (CEP) da APA. Membro do Consejo de Evaluación de Trabajos Científicos para o *Anuario* e da *Revista de Investigaciones* da Facultad de Psicología da Universidad de Buenos Aires. Possui publicações nacionais e internacionais, com e sem fé de erratas. Membro permanente da Comisión Organizadora de los Encuentros Winnicott Latinoamericanos. Membro do Grupo de Estudios Intersocietario de Latinoamérica sobre el Pensamiento de René Roussillon. Coordenadora do Espacio Winnicott (APA).

Martha Isabel Jordán-Quintero é médica psiquiatra, psiquiatra de crianças e adolescentes, psicanalista e psicanalista de crianças e adolescentes. Membro titular da Sociedad Colombiana de Psicoanálisis (Socolpsi) e coordenadora do Departamento de Crianças e Adolescentes dessa mesma sociedade. Psiquiatra do Instituto de Ortopedia Infantil Roosevelt. Professora assistente do Departamento de Psiquiatria e Saúde Mental da Faculdade de Medicina da Pontificia Universidad Javeriana, de Bogotá.

Ana María Chabalgoity é membro em funções didáticas da Asociación Psicoanalítica del Uruguay (APU), na qual é coordenadora do Claustro de Analistas e integrante da Comisión de Enseñanza do Instituto de Psicoanálisis. Recebeu o Premio Hayman para trabalhos publicados sobre crianças e adultos traumatizados pelo Holocausto (que pode ser estendido a vítimas de outros genocídios, como os desaparecidos e os demais efeitos do terrorismo de Estado na América Latina). Participou do Congreso Internacional de Psicoanálisis, em Chicago, 2009. Integrante do grupo coordenador do Working Party Sobre Especificidad del Tratamiento Psicoanalítico en la Actualidad. Coordenadora para Uruguay do Working Party. Integrante da Comisión de Working Parties da Federação Psicanalítica da América Latina (Fepal). Membro e supervisora habilitante da Asociación de Psicoterapia Psicoanalítica del Uruguay. Possui especialização em Psicanálise das Configurações Vinculares. Membro fundador da Asociación de Psicoanalisis de las Configuraciones Vinculares. Possui especialização em Intervenções Psicológicas em Serviços de Saúde e Orientação Psicanalítica (Escuela de Graduados, Facultad de Medicina, Universidad de la Republica Oriental del Uruguay). Integrante da Federación Uruguaya de Psicoterapia. Foi professora adjunta da Área de Intervención y Diagnostico Psicológico, quinto ciclo, da Facultad de Psicología (Universidad de la Republica Oriental del Uruguay).

Ema Ponce de León Leiras é psicóloga, PhD, psicanalista de crianças, adolescentes e adultos e terapeuta de casais. Membro titular em função didática da Asociación Psicoanalítica del Uruguay e membro da International Psychoanalytical Association (IPA). É representante do Uruguai no Committee on Women and Psychoanalysis (COWAP). É fundadora (1991) e diretora de um centro interdisciplinar para assistência de crianças e adolescentes, Clinica del Niño – Centro del Adolescente, em Montevidéu. Publicou vários artigos em revistas nacionais e estrangeiras e ministrou cursos e conferências no exterior.

Marion Minerbo é psicanalista e analista didata da Sociedade Brasileira de Psicanálise de São Paulo (SBPSP). Doutora em medicina pela Universidade Federal de São Paulo (Unifesp). Autora de *Neurose e não neurose, Transferência e contratransferência,* ambos publicados pela editora Pearson, e *Diálogos sobre a clínica psicanalítica,* publicado pela editora Blucher.

Luciane Falcão é psicóloga e psicanalista, membro efetivo e analista didata da Sociedade Psicanalítica de Porto Alegre (SPPA). Psicanalista de crianças e adolescentes e professora do Instituto de Psicanálise da SPPA.

Jani Santamaría Linares é doutora em Psicologia e em Psicoterapia. Psicanalista didata da Asociación Psicoanalítica Mexicana (APM), na qual atua como psicanalista de crianças e adolescentes e como coordenadora do Curso de Psicoanalistas de Niños y Adolescentes. Membro da International Psychoanalytical Association (IPA). Foi diretora do Comité de Comunidad y Cultura da Federação Psicanalítica da América Latina (Fepal, 2016-2018) e Chair do XXVI Encuentro Sobre el Pensamiento de D. Winnicott (México, 2017). Colaboradora da revista *Journal of the American Psychoanalytic Association* (JAPA) em artigos latino-americanos. Membro do Grupo Latinoamericano de Estudios sobre R. Roussillon.

GRÁFICA PAYM
Tel. [11] 4392-3344
paym@graficapaym.com.br